골프는 인생이다

골프는 인생이다

필드 밖에서 배우는 골프 이야기　홍사중 지음

골프와 인생에서
제2타를 조심하라

능력은 부족하지만 의욕이 넘치는 사람은 능력은 많아도 의욕이 없는 사람보다 더 많은 일을 해낸다. 물론 의욕만 있다고 해서 일에 성공하지는 못한다. 그러나 실패한 다음에 후회하는 것보다, 하고 싶었는데 실패할까 두려워서 하지 않았을 때의 후회가 더 크다.

처음부터 실패를 할까 두려워하고 망설이기만 하면 아무것도 해내지 못한다. 실패를 각오하고 도전하는 용기와 패기가 있어야 무슨 일이든 해낼 수가 있다. 큰 사업을 일으킨 사람, 큰 발명을 한 사람들은 모두 그랬다. 그들은 모두 낙관주의자라기보다 플러스 사고의 소유자들이었다.

골프에 선천적으로 소질이 있는 사람은 누구한테 정식으로 배우지 않아도 멋진 드라이버 샷을 한다. 비록 스윙 자세가 조금 이상해도 공이 똑바로 멀리 날아간다. 선천적인 소질이 없는 나는 스윙 자세에 크게 흠이 없는데도 공이 제대로 맞지를 않는다. 어쩌다 잘 맞아도 멀리 날아가지 않는다. 잘 치려고 스윙 도중에도 이것저것 생각이 많다. 그리고 어깨와 팔에도 잔뜩 힘이 들어간다.

그러니까 선천적인 소질이 없는 사람은 선천적인 소질이 없는 사람답게 쳐야 한다. 이게 김승학 씨가 나에게 충고하려던 것이었나 보다. 그가 말한 '선천적인 소질'에는 물론 운동신경만이 아니라 체격이며 체력 등 여러 조건이 포함되어 있었다. 따라서 돌아가지 않는 어깨를 무리하게 돌리고, 올라가지 않는 팔을 애써 올리려 하지 말라는 충고이기도 했다.

어느 일에서나 사람은 자기 능력껏 하면 된다. 능력 이상의 일을 하려고 무리를 하면 틀림없이 탈이 난다. 또 어떤 일을 하겠다는 결단을 내린 다음에는 조금도 망설임 없이 일을 집행해야 한다. 골프 스윙을 할 때에도 일단 티잉 그라운드에 선 다음부터는 스윙 자세에 대한 체크포인트를 전부 잊어버리고 무심히 드라이버를 휘둘러야 한다. 이것저것 가리다 보면 불안만 늘고 어색한 스윙이 될 뿐이다.

40년 동안 세계적인 골퍼들의 경기를 보아온 골프 칼럼니스트 파트 와드 토마스는 자기 능력 이상을 노리는 욕심을 억제해야 한다고 말하고 있다.

가령 200야드 앞에 워터 해저드나 벙커가 있다고 하자. 그런 경우 볼을 날리는 목표를 몇 야드로 잡는 게 정답일까? 대부분의 골퍼들은 1야드라도 더 멀리 볼을 보내려는 욕심에서 200야드에서 10%를 뺀 180야드를 샷의 목표로 삼을 것이다.

이게 잘못이란다. 왜냐하면 볼이 저공비행을 하면 20야드 이상 굴러서 물에 빠지기 쉽다. 또 너무 높게 잘 맞으면 바람을 타고 20야드 이상을 날게 된다. 그러니까 욕심을 부리지 말고 안전하게 160야드만 목표로 삼는 게 정답이라는 것이다. 그리하여 한 타를 더 치게 된다 해도 물에 빠뜨리는 것보다 유리하다는 것이다. 천만다행이라고나 할까 나의 비거리 솜씨로는 엉뚱하게 과욕을 부릴 만한 형편이 못 되었다.

김승학 씨가 나에게 가르친 게 또 하나 있었다. 힘껏 휘두르지 않는데 공을 어떻게 멀리 날릴 수 있느냐는 것이었다. 사람이 산다는 것도 마찬가지다. 힘껏 노력하지 않으면 무엇이든 성취하지 못한다. 나는 뒤늦게나마 골프를 하면서 새삼스레 인생을 배우기도 한다.

나는 골프장에서 골프를 배우기보다는 인생을 배우는 게 더 많았다. 한두 홀 신통하게 잘 쳤다고 우쭐해지면 당장 그다음 홀부터 무너진다.

"드라이버 샷이 잘되면 제2타를 조심하라."

다름 아닌 아놀드 파머가 한 말이다. 인생에서도 행운을 맛볼 때 조심해야 한다. 행운은 항상 따라다니는 게 아니기 때문이다.

'골프는 우리 모두가 핸디캡을 가지고 있다는 사실을 가르치고 있

다. 어떤 핸디캡을 가지고 있는지는 아무도 잘 모르고 있다는 사실까지도.'

골프에서는 또 긴장을 풀고 여유 있게, 자신을 가지고 공을 치는 게 중요하다. 인생도 마찬가지다. 안정된 스코어를 내려면 안정된 사고방식을 가질 필요가 있다. 좋았던 샷의 기억을 강화하고 나빴던 샷에 대한 기억은 잊어라. 이런 것들을 가르쳐준 골프 책들은 20년 가까이 집 안 어느 구석에서 뒹굴고 있다. 아마도 내가 두 번 다시 볼 일은 없을 것이다.

봄의 길목에서
홍사중

차례

2장 | 골프 심리학

3장 | 골프 처세학

4장 | 골프 실전학

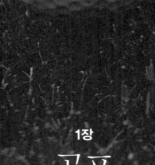

1장

골프
인간학

"골프와 돈내기, 이 두 가지에서만은 절대로 인간성이 감춰지지 않는다." —스코틀랜드 속담

"인생의 마지막 순간에 재산이 얼마인지는 중요하지 않다. 정말로 중요한 것은 얼마나 골프 친구를 많이 얻었느냐다." —보비 존스

"인생의 즐거움은 요철(凹凸) 속에 있다."

—지미 듀마레

명필은 붓을
가리지 않는다

프로 아이스하키 선수인 조크 프리만이 페블비치에서 열린 프로 아마 대회에서 볼을 7개나 물에 빠뜨렸다. 그런 다음에 그 자신의 말로는 50가지가량의 변명을 늘어놓았다. 그러면서 다음과 같이 말했다.

"내가 10년 걸려서 얻은 교훈이 하나 있다. 곧 골프란 변명에서 시작해서 변명으로 끝나는 게임이라는 것이다. 여기에 감히 반론을 펼만큼 용기가 있는 사람은 없을 것이다."

골프를 치고 있으면 평소에 전혀 보이지 않던 사람들의 숨겨진 모습이 불쑥불쑥 튀어나온다. 그중에서 캐디들이 가장 민망스럽게 여기는 골퍼는 공을 잘못 치고 난 다음에 궁색한 변명을 늘어놓는 사람이라고 한다.

1918년생인 패티 버그는 30년간의 투어 생활을 통해 55번 우승했다. 그런 그가 골프의 비결을 이렇게 알려주었다.

"먼저 볼을 쳐라. 고민은 그다음에 해라."

초보자가 미스 샷을 했을 때의 고민은 무슨 변명을 하는 게 좋을까를 궁리하는 것이다. 뛰어난 골퍼는 말이 없다. 그는 왜 미스 샷이 나왔는지를 분석하기에 바쁘다. 더블 보기 플레이어들은 앞가림을 하기에 바쁘다. 이렇게 미스 샷에 대한 대응 방법부터가 다르다. 사람이 하는 게임인 만큼 실수는 있기 마련이다. 잘하는 골퍼는 자신의 실수에 대한 대응 방식을 잘 아는 사람이다.

골프 코스에서 듣는 변명과 핑계는 동서양을 막론하고 판에 박혀 있다. 사람의 잔꾀에는 한계가 있기 때문인가 보다. 가장 흔한 것으로는 '어제 밤늦도록 술을 마셔서 3시간밖에 잠을 자지 못했다'는 핑계가 대표적이다. 이 정도는 흔히 하는 변명이다. 거짓말에 능한 사람은 "누구, 숙취약이나 아스피린 가지고 있는 사람 없어?"라며 천연덕스럽게 능청을 떨기도 한다.

"변명을 잘하는 것도 일종의 재능이라 할 만하다. 사람은 경험이 쌓이면 쌓일수록 자기변명도 능해진다. 변명 중에는 어리광, 허영, 허세, 도피, 책임 전가 등이 있는데, 이렇게 자기 합리화를 함으로써 심리적 스트레스를 덜려는 본능이 작용하는 것인가 보다. 그리고 자기변명이 상대방에게 통했다고 여기는 순간 기분이 한결 가벼워지고 자기 실패를 재빨리 잊게 된다. 다시 말해서 변명, 곧 자기 합리화란 세상실이에 필요한 '못된 잔꾀'의 일종이다. 교묘하게 변설을 놀려서 연출 효과를 내는 사람에게는 재능이라 할 만한 우수한 두뇌가 숨겨져 있다."

이렇게 스포츠 심리학자 H. 클라렌츠 박사가 풀이하고 있다.

아닌 게 아니라 멋들어진 자기 합리화를 들으면, 속이 빤히 들여다보이는 변명인 줄 알면서도 그리 불쾌하지 않고 오히려 애교로 들린다. 반대로 치졸한 변명은 듣는 사람들을 불쾌하게 만들기만 한다.

가장 흔한 변명은 "그동안 너무 오래 골프를 치지 않아서……"이다. 그다음으로 흔한 것은 "몸살 기운이 있어서……"이다. 그러다 어쩌다 잘 맞으면 얘기가 달라진다. 이번에는 "오래간만에 필드에 나오니까 한결 몸이 거뜬해졌다"고 너스레를 떤다.

세 번째로 미스 샷을 했을 때의 애교 있는 자기 합리화는 새 골프채 타령이다. 어느 골프 평론가에 의하면 가장 멋진 변명은 "오늘 가지고 온 드라이버는 처음 쳐보는 것이야"라는 것이다. 이것은 드라이버 자랑을 겸하는 효과도 있다. 다만 그렇다고 매번 새 드라이버를 사 들고 나올 수도 없다는 데 치명적인 결점이 있다.

해리 바든은 브리티시오픈에서 6번이나 우승을 한 명골퍼다. 그런 그는 늘 클럽을 7개만 쓰고 있었다. 어느 해인가의 US오픈에서 그는 출발 홀에 나와서야 퍼터를 연습장에 두고 왔다는 것을 깨달았다. 그는 하는 수 없이 캐디의 충고를 따라 로프트가 작은 드라이버를 짧게 잡고 볼을 굴렸다. 결과는? 퍼터를 사용한 평소 때와 스코어는 별 차이가 없었다.

"명필은 붓을 가리지 않는다"라는 말도 있다. 붓이 나빠서 글씨를 못 쓰는 게 아니다. 단순히 솜씨가 나빠서 글씨를 잘 못 쓸 뿐이다. 능력 있는 사람은 어디에서나 일을 잘한다. 능력이 없어서 출세를 하지 못하는 사람일수록 이런저런 핑계 타령을 곧잘 늘어놓는다.

내가 골프장에서 입에 담은 변명은 아마 50가지도 넘을 것이다. 그 중에서 특히 나 자신의 위안으로 삼아온 게 있었다. 그것은 나의 빈약한 드라이버 스윙을 왜소한 체격과 빈약한 팔의 힘 탓으로 돌리는 것이었다. 그러다 다음과 같은 진 사라젠의 말에 정신이 바짝 들게 되었다.

"나는 163센티미터의 단신이지만 골프에는 전혀 지장이 없다. 2미터의 키다리가 볼 때에는 땅 위의 볼은 콩알만 하지만 나는 공이 있는 덤불 속의 먼지까지 잘 보인다. 골프는 단연코 단신에게 유리한 게임이다."

그는 US오픈, 브리티시오픈, US프로, 마스터스를 제패하여 4관왕이 된 최초의 플레이어다. 뉴욕의 이탈리아계 이민자들의 빈민가에서 태어나 학교를 중퇴하고 목수 일을 배우다가 폐렴으로 죽다 살아났다. 그 당시 의사가 공기 좋은 야외에서 일을 하라고 권해서 캐디를 하며 골프 수업을 받기 시작했다는 것이다. 그러고 보니 키가 나보다 작은 장타자들도 허다하다.

어떤 변명이든 중요한 것은 남보다 먼저 써야 한다는 점이다. 다른 사람도 이와 똑같은 변명을 생각하고 있을 게 틀림없기 때문이다. 나쁜 변명이지만 때로는 없는 것보다 있는 게 나은 경우가 많다. 그것은 플레이의 윤활유 역할을 할 수도 있기 때문이다.

일요일 아침은 컨트리클럽이 붐빈다. 특히 1번 홀에서 서너 팀이 차례를 기다리고 있다. 드디어 한 팀이 플레이할 차례가 되었다. 그 속에는 처음으로 코스에 나온 초보자가 한 명 끼어 있었다.

그가 신중하게 티업하고 휘두른 스윙이 헛치고 말았다. 두 번째도 헛스윙으로 끝났다. 무안해진 초보자는 티 위에 놓여 있는 볼을 쳐다보고는 티잉 그라운드 끝으로 걸어가서 차례를 기다리고 있는 골퍼들에게 말했다.

"여러분, 여기는 내가 늘 플레이해온 코스보다 땅이 정확히 5센티미터 낮은 모양입니다."

이 말에 그를 지켜보고 있던 다른 골퍼들이 모두 폭소를 터뜨렸다. 이와 비슷한 장면이지만 변명의 방식에 따라 전혀 다른 효과를 낼 수 있다. 한 아마 골퍼가 간단한 샷을 실수한 다음 클럽을 살펴보면서 말했다.

"이 클럽은 정말 형편없군."

그다음 번 샷도 엉망이었다. 그는 무안스러운 표정을 억지로 감추면서 캐디에게 투정을 부렸다.

"이런 형편없는 코스는 평생 처음 봤소."

캐디는 어이없다는 표정을 짓고 대꾸했다.

"선생님은 오늘 처음 나왔다고 하지 않으셨나요?"

처칠도 미스 샷을 자주 했다. 그럴 때마다 변명 아닌 그다운 익살로 주위를 압도했다. 어느 자선 골프 대회에서 처칠이 제1타를 보기 좋게 헛쳤다. 무안해진 처칠은 클럽헤드를 노려보면서 소리쳤다.

"누구냐! 호두까기 대신 내 드라이버를 쓴 놈이?"

머리가 좋은 골퍼일수록 변명도 다양하고 다채롭다. 그렇지만 어색한 변명은 오히려 역효과를 낸다. 그러나 아무리 멋진 변명도 남보다 먼저 해야 한다. 남보다 뒤늦게 하면 구차한 넋두리로밖에 들리지 않는다.

단 한 번의 골프로
10년 우정도 끝!

"훌륭한 골퍼의 호주머니에는 겸허라는 두 글자가 숨겨져 있다."

—호톤 스미스

제아무리 지위가 높고, 돈이 많고, 유식해도 골프장에서 서너 홀만 지나면 겸손해지지 않을 수 없게 된다. 그래서 우드하우스는 이렇게 말했다.

"만약에 저 거만한 클레오파트라가 골프의 여자 선수권 1회전에서 허망하게 패퇴했었다면 우리는 그녀의 악명 높은 포악한 말을 들을 기회도 적었을 것이다."

직장에서 직위가 높다고 해서 비거리가 더 나가는 것도 아니며, 입김이 세다고 해서 그린에서 볼이 똑바로 홀컵 속에 굴러 들어가는 것도 아니다. 필드에서는 현실 사회에서처럼 무엇 하나 뜻대로 풀려나가지 않는다. 허탕을 치고, 볼이 슬라이스를 내어 숲 속으로 날아가도 남의 탓으로 돌릴 수 없다. 여기서 배우게 되는 게 '겸손'이다. 그러나 아무나 겸허를 배우게 되는 것은 아니다. 여기에 개인의 인격 차가 반영된다. 말하자면 인간의 바탕이 문제 되는 것이다.

세인트 앤드루스 대학의 역사학 교수인 레오날드 윌슨 박사가 20년 가까이 우정 어린 서신 왕래를 해온 미국인 학자가 있었다. 골프를 좋아한다는 그 미국인 학자와 벼르고 벼르다가 드디어 골프의 메카와도 같은 세인트 앤드루스에서 골프를 치게 되었다.

함께 라운딩을 하는데 그 미국인 교수는 남은 아랑곳하지 않고 자기 플레이에만 신경을 쓰고, 자기가 좀 잘못 치기라도 하면 모래를 걷어차며 화를 내는 것이었다. 그런가 하면 러프에 들어간 볼을 태연스레 옮겨놓고는 오히려 세인트 앤드루스의 잔디 관리가 엉망이라고 혹평까지 했다. 그는 평소에는 전형적인 영국 신사를 뺨칠 정도로 예의 바르고 점잖은 신사였다. 이런 일이 있고 난 후에 윌슨 박사는 이렇게 말했다.

"골프는 많은 친구를 만들어주었지만 그 이상으로 많은 친구를 잃게 만들었다."

오랜 우정도 단 한 번의 골프로 무너지는 경우는 비일비재하다. 골프는 자기만 좋다고 되는 게 아니다. 다른 사람들에게도 즐거움을 줄 수 있어야 한다. 적어도 남들로부터 미움을 받거나 경멸의 대상이 되어서는 안 된다. 이런 것들은 모두 스코어와는 하등 관계가 없다.

한 가지 분명한 것은 매너가 좋으면 인품이 있어 보이고, 매너가 나쁘면 인품까지도 의심받게 된다는 사실이다. 다만 인품이 좋다고 해서 반드시 매너가 좋은 것은 아니겠지만, 매너가 나쁜 골퍼 중에 인품이 좋은 사람은 없다.

아놀드 파머가 처음으로 우승한 주니어 골프 챔피언십 대회에서 도중에 볼을 잘못 치자 화를 참지 못해 클럽을 공중에 던졌다. 그의 아버지는 집에 돌아오기까지 아들에게 한 마디도 말을 하지 않았다. 한참 후에 아들을 불러서 말했다.

"만약에 또다시 그렇게 클럽을 던진다면 앞으론 너는 절대로 경기에 나가지 못할 줄 알아라."

골프장에서는 신분의 높고 낮음에 따라 매너가 달라지는 것도 아니다. 존 헨리 테일러(프로 경력 20년 동안에 브리티시오픈에서 5회 우승)가 영국 윈저 공이 황태자이던 시절에 함께 라운딩했을 때의 일이다. 황태자가 매우 짧은 퍼트를 놓치자 남은 거리를 컵 저편에서부터 퍼터로 긁어 넣었다. 그러자 테일러가 나무랐다.

"전하. 골프에 그렇게 치는 법은 없습니다. 아무리 짧은 거리라도 그립을 두 손으로 정확히 잡고 올바른 페이스로 제대로 치는 것입니다. 다시 한 번 치세요."

황태자는 순순히 그의 말을 따라 다시 쳤다. 황태자를 감히 일개

프로 골프 선수가 야단칠 수 있고 또 이를 황태자가 조금도 노여워하지 않고 순순히 따른다는 것은 상상하기가 어려운 얘기다. 그렇지만 영국 왕실의 권위와 위엄을 몇백 년이 넘도록 지탱해준 것은 바로 이런 겸허함이 아니었을까. 우드하우스의 다음과 같은 말이 이를 여실히 입증하고 있다.

"골프의 최대의 장점은 미스를 함으로써 자기반성과 겸허한 마음을 상기시켜준다는 데 있다. 후기 로마 황제에게 보이는 광기에 찬 오만함은 그들이 전혀 클럽을 휘둘러본 경험이 없어서일 것이다. 따라서 칩샷$^{chip\ shot}$을 토핑^{toping} 했을 때 생기는 불쾌한 감정을 억제하는 겸허함을 몰랐다는 데 있다."

20세기 초에 케임브리지 대학의 골프부 감독을 맡았던 마이켈 포팅가의 말이다.

"골프에는 남성에게 요구되는 모든 것이 포함되어 있다. 우선 기사도를 뒷받침하는 완벽한 예의범절, 품위 있는 대화, 누구나 호감을 갖지 않을 수 없게 만드는 인품, 수준급의 운동 능력, 그리고 겸허한 미소다."

브리티시오픈의 우승자였던 윌리 파크 주니어는 "자기가 골프를 즐기고 싶다면 우선 상대방부터 즐겁게 만들어라"라면서 골프 친구의 조건을 다음과 같이 들었다.

"좋은 친구는 온화하고, 조용하고 성실하다. 반대로 나쁜 친구는 천박하고, 스코어 지상주의자이고, 자기 중심적이다."

그가 나쁜 파트너로 여긴 사람은 이 밖에도 제 자랑을 잘하는 사람, 이 핑계 저 핑계 구차스러운 핑계를 장황하게 늘어놓는 사람이다. 이들은 모두 자기 과시욕에 가득 차 있고 자기밖에 생각하지 않는 사람들이다. 이런 사람과 함께 라운딩을 하면 몹시 기분이 상하게 된다.

1967년 라이더컵의 미국 측 캡틴은 벤 호건이었다. 이때 아놀드 파머는 하루 늦게 도착했다. 그것도 주장으로서 못마땅했는데, 아놀드는 자가용 제트기를 타고 보란 듯이 골프장 상공에서 곡예비행까지 하며 자기 과시를 했다.

남보다 늦게 도착한 파머는 영국 측이 스몰 볼로 시합을 하자고 제안했다니까 화를 내면서 라커 룸 안의 사람들이 모두 깜짝 놀랄 정도로 큰소리쳤다.

"나는 절대로 스몰 볼로는 플레이하지 않는다!"

그러자 호건이 차갑게 응시하면서 대구했다.

"누가 자네에게 플레이하라고 했나?"

그러면서 파머를 주전 멤버의 명단에서 빼버렸다. 기자회견 때 왜 파머를 뺐느냐는 질문이 나왔다. 호건은 무뚝뚝하게 답변했다.

"하고 싶은 말은 있지만 말하고 싶지 않다. 책임자는 일일이 설명 따위는 하지 않는 법이다."

설명할 필요는 없었다. 그것은 아놀드 파머의 방자함에 대한 제재였음이 분명했던 것이다.

이렇게 좋은 골프 친구, 나쁜 골프 친구를 얘기하다 생각나는 게 공자의 '익자삼우'와 '손자삼우'다. 유익한 친구란 정직, 성실, 유식의 세 조건을 말한다. 그리고 손자삼우란 사귀면 손해를 보는 세 가지 해로운 친구를 뜻하는데, 편벽한 사람, 착하기는 하나 줏대가 없는 사람, 말만 잘하고 성실하지 못한 사람을 말한다.

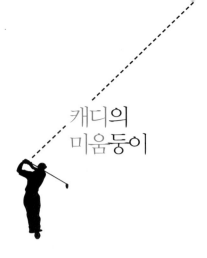

캐디의
미움둥이

어느 날 처칠 수상이 하원에서 한 야당 의원으로부터 심한 공격을 받았다. 처칠은 그 의원을 노려보면서 이렇게 응수했다.

"나는 결코 '캐디의 미움둥이'는 아닙니다!"

처칠은 자기가 저지른 실패를 남의 탓으로 돌리는 비겁한 사람을 '캐디의 미움둥이'라고 부르는 영국의 오랜 속담을 인용한 것이다. 자기가 저지른 잘못에 대해서는 자기 자신이 책임을 진다는 것이었다.

몇 해 전에 일본의 한 골프 잡지가 캐디들에게 싫어하는 골퍼를 꼽아보라는 설문조사를 한 적이 있다. 그때 으뜸으로 꼽힌 게 자기가 잘못 치고는 그 책임을 캐디에게 돌리면서 신경질 부리는 골퍼였다. 그리고 보면 직장에서도 무능한 상사일수록 일이 잘 돌아가지 않으면 부하 직원의 탓으로 돌리고 부하 직원들에게 화풀이를 한다.

주말 플레이어 중에는 핀까지 얼마 남았느냐고 캐디에게 묻는 사람이 있다. 마치 캐디가 말하는 거리에 딱 맞춰서 볼을 날릴 수 있기라도 하듯이 말이다. 그러고는 자기가 친 볼이 그린에 미치지 못했거나 그린 오버를 하면 거리를 잘못 가르쳐주었기 때문이라며 캐디에게 화풀이를 한다는 것이다. 정확하게 캐디가 일러준 대로의 거리에 맞춰서 볼을 칠 수 있을 정도의 골퍼라면 굳이 캐디에게 거리를 물을 필요도 없을 것이다. 바람도 계산에 넣을 줄 알아야 한다. 그럴 만한 능력도 없으면서 거리를 묻는 골퍼는 캐디의 미움둥이가 아니라 웃음거리가 된다.

사람들은 일이 잘됐을 때에는 모든 게 자기가 잘했기 때문이라 여기고, 안 됐을 때에는 오만 가지 이유와 변명을 늘어놓는다. 자기 판단이 잘못되었다, 자기가 너무 성급했다, 자기 힘이 모자랐다고 자기 잘못으로 돌리려 하지는 않는다.

트루먼 대통령은 재임 시 집무용 책상에 두 개의 팻말을 놓고 있었다. 하나에는 '항상 옳은 일을 하라'고 적혀 있었고, 또 하나에는 '책임은 여기서 멎는다the buck stops here'였다. 우리나라의 권력자들은 이와는 반대로 실정의 책임을 모두 아랫사람에게 돌리는 못된 버릇이 있다. 그러니까 골프장에서 캐디에게 책임을 돌리는 것쯤은 얼마든지 눈감아줄 수도 있겠다.

캐디들이 두 번째로 든 미움둥이 골프는 잘난 체하는 사람, 있는 체하는 사람들이었다. 그리고 이런 골퍼일수록 캐디를 함부로 다루기를 잘한다는 것이다. 그런 사람일수록 현실 사회에서는 조금이라도 자기보다 높은 사람에게 꿈뻑 죽는다.

'성서'에 의하면 하느님은 빛과 어둠, 하늘과 땅, 바다와 육지, 짐승들과 식물들을 만든 다음 6일째에 마지막으로 최초의 인간인 아담을 만들었다. 그것은 인간에게 겸허하라는 교훈을 내리기 위해서였다. 그러나 이 교훈을 제대로 이해하고 지키는 사람은 흔하지 않다.

중국의 속담에 "자自와 대大를 겹치면 취臭가 된다"라는 말이 있다. 너무 겸손한 것도 탈이지만 너무 우쭐하고 건방지게 굴면 취기가 코를 찌르게 된다는 뜻이다.

세 번째가 점잖지 못하게 굴거나 야한 소리를 하며 이맛살을 찌푸리게 만드는 상스러운 사람이라고 한다. 숲 속에 들어간 자기 볼을 찾는다고 뒤 팀이 기다리고 있는 것도 아랑곳하지 않고 마냥 숲 속을 헤매는 골퍼도 캐디들의 미움둥이란다. 이 밖에도 툭하면 신경질을 내거나 불평을 늘어놓아 가며 캐디만이 아니라 함께 치는 사람들마저 모두 거북하게 만드는 사람, 그리고 잔소리가 많은 사람 등 캐디가 싫어하는 골퍼는 수없이 많다.

네 번째로는 더블 보기가 분명한데 보기라고 우겨대면서 스코어를 속이려 드는 골퍼들이다. 이들은 캐디의 미움둥이라기보다 오히려 경멸의 대상이 된다.

한편 캐디가 가장 좋아하는 골퍼는 조용히 골프를 치고 룰을 성실하게 지키는 사람이라고 한다. 벙커에 들어간 볼을 쳐 올린 다음에 자기 발자국을 말끔히 지우고, 자기가 만든 게 아니라도 잔디가 파인 곳을 발견하면 이를 손질하는 골퍼에게 호감이 간다는 것이었다.

골프는 즐겁고 재미있어야 한다. 그래서 기왕이면 마음에 맞는 친구들과 치는 게 좋다. 이왕이면 또 웃는 낯의 캐디와 라운딩하는 게 좋다. 그러자면 캐디가 이맛살을 찌푸리지 않게 하는 게 좋을 것이다.

뛰어난 점이 있는데도 사람들이 멀리하려는 사람이 있고, 결점투성이인데도 사람들이 친밀감을 갖게 하는 사람이 있다. 이는 현실 사회에서나 골프장에서나 마찬가지다.

일본의 한 골프 잡지가 독자 400명을 대상으로 설문조사를 한 적이 있다. 그 결과 함께 골프를 치는 사람의 언동에 '전혀 신경이 쓰이지 않는다'는 사람과 '별로 신경을 쓰지 않는다'는 사람을 합치면 161명인데, '몹시 신경이 쓰인다'와 '신경이 쓰일 때가 있다'를 합친 게 239명이었다.

어떤 언동이 가장 비위를 거슬리게 만드는지에 대한 설문에는 다음과 같은 순서로 응답했다.

1. 칭찬을 하는 척하면서 은근히 비위에 거슬리는 말을 한다.
2. 자기가 잘못 치고는 캐디나 클럽에 화풀이를 한다.
3. 다른 사람이 티업하고 어드레스하고 있는데 잡담을 한다.
4. 부탁하지도 않았는데 가르치려 든다.

5. 볼을 살짝 움직이거나 은근히 룰을 위반한다.

6. 빈번히 미스 샷의 변명을 늘어놓는다.

7. 슬로 플레이를 한다. 연습 스윙이 너무 많다. 걸음이 늦다.

8. 남의 퍼팅 라인 상에 서 있다.

9. 플레이 도중에 담배를 피운다.

10. 점심 식사를 할 때 술을 너무 많이 마신다.

우리는 연습장에 가서 볼을 치는 것만 배운다. 그러나 매너를 가르치는 곳은 어디에도 없다. 그래서 우리나라의 골프클럽은 무법지대나 다름이 없다. 그래서 우리가 알게 모르게 저지르는 잘못이 한두 가지가 아니다.

그린 위에서 자기의 볼을 마크하는데 남의 라인을 무시하고 그 위를 넘어간다. 어떤 경우에도 반드시 상대방의 볼 뒤로 돌아가는 것이 옳은 매너라는 것도 모르고 있다.

"퍼팅 라인이란 골프에 있어서의 성역이며, 그것이 밟히면 나는 흙탕발로 얼굴을 밟힌 것과 같은 불쾌감을 느낀다."

이렇게 보비 존스가 말한 것을 보면 미국에서도 그런 그린의 무법자가 적어도 예전에는 흔했는가 보다.

우리가 알면서도 모르는 척하고 저지르는 잘못도 많지만 몰라서 저지르는 잘못도 많다. 스윙으로 풀을 깎아버리는 잘못도 그중의 하나다. 풀이 되살아나려면 여름에도 60일이 걸린다고 한다. 겨울이라면 11월에 풀이 깎인 자리가 회복하려면 5월이 되어야 한다는 것이다. 그래서 빈 스윙은 클럽 헤드가 풀을 상하지 않도록 하는 게 상식으로 되어 있다. 적어도 미국이나 영국에서는 특히 그린에서 디보트 ^{divot} 자국이나 볼 마크를 그대로 방치한다면 질색을 한다. 우리나라에서는 그런 뒤처리는 으레 캐디가 하는 일로 여기고 있는데 그건 큰 오산이다.

사람을 알려면
18홀을 함께 라운딩하라

골프에 대해서는 말 못 하는 사람이 없다. 그게 또 모두 지당한 말들이다. 수많은 사람들이 남긴 많은 말 중에서도 가장 내 마음에 드는 게 있다. 벤자민 데이비스의 말이다. 74타의 평범한 골퍼인 그는 이렇게 말했다.

"스코어와 인격은 별개다. 가장 인격적으로 낮은 인물인데도 힘들이지 않고 파플레이를 하기도 한다. 그런데 사람들은 골프를 잘 친다는 이유 하나만으로 존경하려 든다. 이처럼 그릇된 생각은 없다. 골프가 서툴러도 매너가 훌륭하면 존경해야 마땅한 일이다. 그런데 그러지 않는 요새 경향은 틀림없이 뭔가 크게 잘못되어 있다."

골프를 잘 친다고 해서 인격자가 되는 것은 아니다. 또 인격자라고 해서 골프를 잘 치게 되는 것도 아니다. 물론 골프를 못 친다고 반드시 인격자가 되느냐 하면 그런 것도 아니다. 골프를 몹시 좋아하고 또 고매한 인격자였던 새뮤얼 존슨 박사도 끝내 100타의 벽을 깨지 못했다. 흔히 바둑을 둘 때 그 사람의 성격을 알아볼 수 있다고들 말한다. 골프에서는 그 사람의 성격만이 아니라 인품까지도 알아볼 수 있다.

"18년 동안 같은 직장에 있을 때보다 18홀을 같이 돌 때 더 잘 알게 된다." 스코틀랜드의 속담이다.

영국 수상이던 로이드 조지의 말에도 이런 게 있다.

"사람을 사귀어서 반 년 걸려서 알게 되는 것보다 단 한 번 골프 라운딩을 같이 할 때 더 많이 알게 된다."

그러니까 '골프를 치지만 않았어도 내 추한 면이 들통 나지 않았을 텐데……' 하고 후회해도 이제는 소용이 없다. 골프의 마력은 그렇게 호락호락 사람을 놓아주지 않는다. 마이클 보나라크는 브리티시아마 대회에서 9회나 우승을 했다. 그런 그가 이렇게 말한 적이 있다.

"골프가 잘되는 날이 있는가 하면 전혀 볼이 제대로 맞지 않는 날도 있다. 당신의 인격이 여실히 드러나는 것은 잘 맞지 않는 날이다. 이때 이맛살을 찡그리거나, 구차한 핑계를 대며, 화풀이를 한다거나, 무성의하게 친다거나, 자조적이 되기 쉽다. 주위 사람들은 그런 인간을 혐오한다. 두 번 다시 같이 치지 않으려고 하고 당신을 경멸할 것이다. 골프에서는 그런 자기 중심적인 행동을 절대로 삼가야 한다."

화려한 경력의 소유자답지 않은 말이다. 골프는 잘 맞지 않는 날과 잘 맞는 날과 관계없이 사람의 모든 것을 보여주는 것이다.

1917년 9월의 어느 날 한 골퍼가 아침부터 짧은 퍼팅에 실수를 거듭하여 잔뜩 열이 오르고 있었는데, 6번 홀에서도 1미터의 퍼팅이 들어가지 않았다. 화가 머리끝까지 치밀어 오른 그는 그린의 잔디를 걷어차서 잔디가 15센티미터나 벗겨져 나갔다. 이 사실이 알려지자 클럽에서 긴급 총회를 열었다. 서기가 사건의 경위를 설명하자 회장이 다음과 같은 발언을 했다.

"골프에 관계되는 사람들은 절대로 규율을 따라야 한다. 그 규율이란 자기가 플레이한 흔적은 일절 남기지 말 것이며, 남에게 피해가 가지 않도록 한다는 것이다. 흔적을 남기지 않는다는 것은 대충 다음과 같은 것을 말한다.

디보트 자국은 반드시 원상으로 메워놓는 것, 벙커에 샷 자국과 발자국을 남기지 않는 것, 눈에 띄는 쓰레기는 반드시 줍는 것. 왜냐하면 미처 줍지 않은 쓰레기는 자기가 버렸다는 의심을 받아도 변명의 여지가 없기 때문이다. 이런 매너를 모르는 자는 골프를 칠 자격이 없다. 이 게임에 심판이 없는 것도 플레이어가 모두 신사숙녀라 여기고 있기 때문이다. 신사가 아니면 골퍼도 아니다."

이 말을 받아 다른 회원들도 차례로 일어나서 제각기 평소에 늘 눈에 벗어나는 그의 거동에 대한 비난을 쏟아냈다. 늘 자기만 생각하고, 볼이 잘 맞으면 우쭐해지고, 잘 맞지 않으면 화를 퍼붓고, 코스에

침을 자주 뱉는다는 것이었다.

의견을 종합하면 '같이 플레이하고 싶지 않은 인물'이라는 것이었다. 회장은 "우리는 만장일치로 그를 골프에 어울리지 않는 사람으로 규정하고 본 클럽에서 제명한다"며 결의안을 통과시켰다.

세계 골프 사상 가장 훌륭한 아마 골퍼로 기억되고 있는 보비 존스는 다음과 같은 말을 남겼다.

"너 나 할 것 없이 미스 샷이 나왔을 때에는 입을 다물고 있어라. 상대방이 멋진 플레이를 했을 때에는 진심 어린 박수를 보내라. 자기 중심적인 언동은 삼가야 한다. 골프란 상대방의 언동을 음미하고 되새기기에 충분한 시간이 있는 게임이다.

세상에는 좋은 골퍼와 나쁜 골퍼가 있는 것처럼 말하지만 그것은 잘못된 생각이다. 좋은 인간과 나쁜 인간이 있을 뿐이며, 그것은 골프와는 하등 관계가 없는 일이다. 게임 도중에 혹 다른 사람들에게 나쁜 인상을 주었다고 하자. 일반 사회에서는 서로 이해가 얽혀 있기 때문에 다소간의 무례는 허용이 된다. 그렇지만 심신의 기분 전환을 위해 나오는 골프장에서는 나쁜 인상이 증폭되기에 돌이킬 수 없게 된다.

결국 인간은 자기 그릇 이상으로 플레이를 하지 못한다. 훌륭한 인물은 플레이도 훌륭하지만 그릇이 얄팍한 인물은 무슨 언동을 하든 얄팍할 수밖에 없다. 결론적으로 말한다면 골퍼에는 두 가지 종류밖에 존재하지 않는다. 곧 다시 같이 치고 싶은 사람과 두 번 다시 같이 치고 싶지 않는 사람이다.”

한마디로 '골프에 안 어울리는 사람'이란 스코어에만 관심이 있는 딱한 사람을 두고 하는 말이다.

위기에서 승부를 거는
그렉 노먼

타이거 우즈가 등장하기 전까지만 해도 근 10년 동안 세계 랭킹 1위의 자리를 차지해온 프로 골퍼는 그렉 노먼이었다. 그는 메이저 대회에서 우승도 많이 했지만 아깝게 우승을 놓친 횟수도 많았다. 그는 1990년부터 2위를 10여 차례나 했다.

남들이 보기에 안전하게만 쳐도 되는 것을 공연한 오기를 부려서 우승을 놓친 것도 한두 번이 아니었다.

어느 해였던가, 라이더오픈 마지막 날 마지막 홀에서 그의 드라이버 샷이 빗나가 깊은 러프에 볼을 떨어뜨렸다. 그린 옆에는 연못이 있었다. 안전하게 그린에 두 번에 올려놓기만 하면 되었다. 그러나 그는 제2타를 바로 그린을 향해 쳤다. 볼은 대부분의 사람들이 염려

하던 대로 물에 빠지고 우승은 닉 팔도에게 돌아갔다.

그렉 노먼의 가장 큰 매력 중 하나는 공격적인 플레이를 하는 데 있었다. 갤러리도 그가 끝까지 공격적인 플레이를 하기를 기대했다. 그런 기대에 어긋나지 않은 플레이를 한다는 게 프로 골퍼다운 플레이라는 것을 그 자신이 확신하고 있었다.

"그것이 나의 골프다. 결과를 두려워하다가는 아무것도 하지 못한다. 사람은 위기에서 승부를 거는 즐거움을 맛볼 줄 알아야 할 것이다."

그는 '공격이 최선의 방어'라는 말을 쓴 적도 있다. 그래서 그에게는 '백상어'라는 별명까지 붙었다. 그러나 그것이 그의 전부가 아니었다. 그의 매력에 홀려서 그를 쫓아다녔던 한 신문 칼럼니스트는 칼럼에서 그를 이렇게 찬양했다.

"백상어의 롱 드라이브에만 눈을 돌려서는 안 된다. 그는 신사 중의 신사다. 누구에게나 상냥하고 예절에 엄격하고 자비심이 많고 남의 흉을 보지 않는다."

안타깝게도 그에게는 유독 큰 대회 때마다 비운이 따라다니는 징크스가 있었다. 그 시작은 1986년 마스터스 대회 때부터였다.

노먼은 1위로 3일째 경기를 마쳤다. 그런데 마지막 날에 잭 니클라우스가 신들린 사람처럼 긴 퍼팅이 잘되어 65타의 기록적인 스코어로 극적인 역전승을 했다. 그다음에 있었던 US오픈에서도 3일째를 1위로 마친 노먼이 마지막 날에는 12위로 끝냈다.

같은 해에 있었던 영국 프로 대회에서도 3일째가 끝났을 때에 그는 2위를 4타 차로 따돌리고 있었다. 그랬던 것이 마지막 11번 홀부터 삐걱거리기 시작하더니 14번 홀에 이르러서는 동점이 되었다. 그래도 평소대로의 성적으로 봐서 상대방이 노먼을 이긴다는 것은 아무도 상상하지 못할 일이었다. 더욱이 17번 홀에서 상대방은 깊은 러프에 볼을 빠뜨렸다. 텔레비전 해설자는 하늘이 돕지 않는 한 역전은 불가능하다고 해설했다. 그런데 본인이 나중에 고백했듯이 '백 번에 한 번 있을까 말까 하는 기적적인 샷'으로 핀에서 1미터의 거리에 공을 붙여놓았다.

최후의 18홀에서도 노먼의 볼은 페어웨이 안에 떨어졌는데 상대방의 볼은 러프에 들어갔다. 그리고 러프에서 친 볼은 핀에서 25피트나 떨어져 있는 벙커 안에 들어갔다. 한편 노먼의 2타는 그린 끝에 떨어졌다. 그런데 상대방이 벙커 샷으로 친 공은 그대로 홀컵 속에 빨려 들어가듯 들어가서 버디를 했다. 기적이랄 수밖에 없는 샷이었다. 그것을 본 다음에 노먼이 퍼팅한 볼은 2미터나 오버하였다.

그 후에도 비슷한 불운이 연이어 일어났다. 〈USA투데이〉의 칼럼니스트 스티브 하시는 다음과 같은 해설 기사를 썼다.

"노먼의 너무나도 지나치도록 '철학적인 패배'의 법칙에 대해서 아리스토텔레스도 플라톤도 쉽게 설명하지는 못할 것이다. 아무리 생각해도 노먼의 장례식은 너무나도 드라마틱하다."

노먼 자신은 이렇게 말했다.

"나는 늘 우승 스코어를 상정하고 최선을 다한다. 그리고 상정한 스코어를 달성하고도 이기지 못하면 하는 수 없다고 체념하고 다음 날에는 새로운 기분으로 다시 출발하고 있다. 이것이 골프의 본질이다."

아무리 그렇다 해도 그렇게 막판에 상대방이 상상을 초월하는 기적적인 샷을 한다면, 그것도 한두 번이 아니라 번번이 그런다면 마음의 어딘가에 흔적이 남지 않을 수 없을 것이다. 그래서인지 그가 애독한 책이 《무술의 선》이었다. 이 책을 통해서 그는 경기를 할 때의 공포감을 어떻게 극복하는가를 배운다고 했다.

그 책 속에 '찻잔'이라는 대목이 나온다. 가령 잔 가득히 차가 들어 있을 때에는 차를 더 따를 수가 없다. 그런데 선의 선생은 갑자기 찻잔 속의 차를 쏟아버리기 시작했다. 그러고는 이렇게 말했다.

"이렇게 하면 다른 차를 따를 수가 있다. 다시 말해서 마음을 비워놓지 않으면 다음 것을 받아들일 수가 없다는 것이다."

여기에 대해 그는 이렇게 말했다.

"지금까지 내 찻잔은 늘 가득 차 있었던 것만 같다. 그 글을 읽고 나는 뭔가 깨닫게 됐다."

그는 또 이렇게 말하기도 했다.

"이제부터 승부를 한다고 잔뜩 힘만 주면 좋은 결과가 나오지 않는다. 마음을 비우고 무심의 상태에 들어갈 수 있어야 한다."

그러나 무심의 경지에 이른다는 것처럼 어려운 것은 없다. 여러 해

동안 우승 상금 세계 1위를 놓친 적이 없는 그가 곧잘 어이없는 미스를 하고, 짧은 퍼팅에서 실수를 하는 것도 완전히 마음을 비우지 못했기 때문일 것이다. 그 자신도 "공포며 여러 가지 마음의 흔들림을 극복하는 데는 한평생 걸리는가 보다"고 탄식하기도 했다.

골프는 내게
유일한 두통거리

영국의 역대 수상 중에도 골프광이 많았다. 1918년에 로이드 조지 수상이 플레이하고 있는데 비서가 전보를 전하러 왔다. 그는 비서관에게 호통을 쳤다.

"모처럼 이기고 있는데 훼방을 놓지 말게나."

그런 로이드 조지도 아서 발포어 수상과는 비할 바가 아니었다. 그는 본명을 본뜬 'golfer'라는 별명으로 불리기도 했다. 어느 날 그는 의사당에서 답변하는 가운데 이렇게 말하면서 장내를 둘러보았다.

"여러분 중에는 나를 발포어가 아니라 골퍼어라고 부르는 사람도 있는 모양입니다."

이렇게 말문을 열면서 그는 노기를 띠기는커녕 오히려 빙그레 웃으면서 살짝 절을 하고는 말을 이었다.

"나는 지금까지 수많은 별명을 들어왔지만 '골퍼어'라는 별명은 오직 고마울 따름입니다. 이것만은 액자에 넣어 서재에 걸어놓고 싶습니다."

그가 골프를 손에서 놓은 것은 1차 세계대전을 치를 때뿐이었다. 그는 베르사유 조약의 조인식에 참석하면서 처칠에게 다음과 같이 속삭이면서 윙크를 지어 보였다.

"전쟁을 빨리 끝내야지. 그렇지 않으면 골프 코스가 온통 잡초로 가득하게 되지 않겠소."

만년에 국가에 대한 다년간의 공로로 백작 작위를 수여받았는데 그 축하연에서 그는 이런 말을 했다.

"이번에 분에 넘치는 영예를 받게 되었지만 솔직히 말해서 내가 정말로 갖고 싶어 했던 것은 책과 골프 클럽과 골프를 즐길 수 있는 시간이다. 이 세 가지 이외 내가 바라던 것은 없다. 나의 이상은 많은 책을 읽고 글은 덜 쓰고, 골프를 되도록 많이 치는 것이다."

그는 82세로 일생을 마감하기 며칠 전에 2홀 연속으로 칩인^{chip in}을 하는 행운을 맞기도 했다. 그는 골프를 예찬하는 명언들도 많이 남겼다.

"두뇌와 근육이 이처럼 쾌적하게 융합된 운동이 또 어디 있을까. 내게 있어 골프란 식사, 수면과 똑같이 인생에 불가결한 것이다."

"인류의 기지가 만들어낸 많은 게임 중에서도 특히 골프처럼 쾌적한 운동량과 지적으로 상쾌한 흥분과 끊임없는 재미로 가득 찬 것은 없다."

"나에게 골프가 있다고 생각만 해도 새로운 희망과 용기가 솟아오른다. 과연 골프는 위대하다."

그는 핸디가 한때 5까지 내려갈 정도로 수준급의 골퍼였다. 한편 친구들이 '영원한 더퍼'라고 놀리던 윈스턴 처칠은 9홀에 이르자 자기 플레이에 짜증을 내면서 클럽을 내동댕이치거나 클럽하우스 안에 들어가서 책을 읽기 일쑤였다. 보기 플레이어였던 그가 내무장관이었을 때다. 볼을 쳤는데 어디에 떨어졌는지 보이지 않았다. 로스트 볼을 선언하려다 자세히 보니까 러프 가까이 쭈그려 앉아 있는 암탉이 있었다. 혹시나 하고 그 닭을 들어 올려보니까 그 밑에 자기 볼이 있었다는 우스갯소리로 좌중을 웃게 만들었다.

처칠은 골프에 재미를 붙이지 못한 유일한 국가원수로 알려져 있다. 그 이유는 이렇다.

"골프는 내 마음대로 되지 않는 유일한 두통거리다. 반하고는 있지만 좋아하지는 않는다."

이렇게 말하면서 클럽하우스에 돌아가 안락의자에 앉아서 술잔을 기울이면서 책을 읽곤 했다.

셜록 홈즈의 작가 코난 도일은 1890년대 말에 여러 아마 경기에 출장할 정도의 실력을 자랑하는 핸디 10의 골퍼였다.

"나의 어프로치는 항상 3야드 짧고, 또 왼쪽으로 휘어간다. 또 힘을 실어서 다음 어프로치를 세게 하면 이번에는 3야드 오버한다. 나의 골프는 늘 3야드가 넘치거나 부족해서 제대로 맞힌 적이 별로 없다."

그는 71세에 죽기까지 25년간 매일같이 카트에 클럽 몇 개를 넣고 돌았다.

20세기 세계 경제를 이론적으로 주도했던 경제학자 케인즈도 골프 광이었다. 그는 1898년에서 1905년에 걸쳐서 실제로 188회 골프 코스를 밟았다. 특히 1903년의 9월 한 달에 15회, 그러니까 이틀에 한 번꼴로 골프를 쳤다. 그리고 자신의 모든 플레이에 대한 기록을 상세히 적어놓았다. 그만하면 꽤나 잘 칠 법한데도 끝내 핸디 27을 넘지 못했다. 일본 수상 중에서 골프를 제법 잘 친다는 기시 노부스케는 이렇게 실토했다.

"90타를 깨는 것은 공산주의자들과 어깨동무를 하고 국가를 부르는 것보다 어렵다."

연예계 명사 중에서 최고의 골퍼로는 아무래도 가수 빙 크로스비를 꼽아야 할 것 같다. 브리티시오픈에 출전한 적도 있는 그는 거슈윈 집안의 세 쇼트홀에서 연속 홀인원을 하였다. 그가 한 유명 골프장에서 세운 코스 기록 68타는 아직 아무도 깨지 못하고 있다. 그는 자기 집과 별장에 벙커와 그린을 만들고 매일 두어 시간씩 다양한 상황에 따른 샷을 연습하기도 했다. 그는 스페인의 마드리드에서 플레이하다 급사한 스크래치 플레이어다. 그만 못하지만 봅 호프도 핸디가 10이었다.

스코어가 나쁘면
친구를 많이 얻는다

"야비한 싱글보다 정직한 더퍼^{duffer}가 되라." —보비 존스

보비 존스는 14세 때인 1916년에 US오픈의 준준결승에까지 오르고, 17세 때 US아마 2위, 18세 때 US오픈 8위. 이어 21세 때 US오픈 우승, 22세에 US아마 우승, 1925년에 US아마 우승과 US오픈 2위, 1926년에 브리티시오픈 우승과 US오픈 우승과 US아마 2위, 1927년 브리티시오픈 우승과 US아마 우승, 1929년 US오픈 우승 등 전력이 화려하다.

이러는 동안에도 그는 하버드 대학 문학부, 에모리 대학 법학부, 애틀랜타 공과대학의 기계공학 등 다방면에 걸쳐 공부하면서 모든 대학에서 학위를 받았다. 물론 이렇게 그가 아마 골퍼정상의 자리를 20대에 지켰기 때문에 위대한 골퍼로 칭송받는 것은 아니다. 1925년 US오픈 2일째 경기의 11번 홀에서의 일이었다. 그의 아이언이 풀에 닿았을 때 볼이 조금 움직였다. 아무도 눈치채지 못할 정도로 미미한 것이었다. 그런데도 그는 어드레스한 다음에 볼이 움직였다고 신고하고 스스로 벌점 1타를 추가해서 기록했다.

결국 이 때문에 단독 수위 자리를 잃고 플레이오프에서 졌다. 그러자 그를 찬양하는 편지가 미국골프협회에 수천 장이나 답지했다. 그러나 그는 자기는 그만큼 칭찬받을 만한 일을 하지 않았다고 응답했다.

"나는 골퍼로서 당연한 일을 했는데 왜 칭찬받는지 모르겠습니다. 당신은 내가 남의 돈을 훔치지 않았다고 해서 칭찬하시겠습니까?"

이렇게 골퍼의 스포츠맨십에 철저했던 그에게도 잊지 못할 오점이 하나 있었다. 1921년의 일이었다. US오픈에 출전한 그는 강풍 때문에 스코어가 크게 무너졌다. 더욱이 벙커에서 볼을 탈출시키는 데 실패하자 그는 그 자리에서 스코어 카드를 찢고 기권했다.

"이 행위는 나의 골프 인생 중에서 최대의 오점이다. 무슨 일이 있어도 골퍼가 도중에 기권하는 것은 가장 비열한 행동이라 생각한다. 그 후로 나는 두 번 다시 그런 잘못을 저지르지 않았다."

그는 1930년에 135일간의 사투 끝에 워커컵, 브리티시아마, 브리티시오픈, US오픈, US아마 등에서 줄줄이 우승했다. 28세 한 해 동안의 일이었다. 마지막 대회에서 우승한 다음 보비는 아버지와 단둘이 라커룸에서 20분 가까이 말없이 앉아 있었다. 그리고 힘겹게 입을 열었다.

"이제는 더 이상 못 하겠습니다."

그는 큰 경기가 있을 때마다 체중이 6킬로그램이나 줄었던 것이다. 이리하여 28세에 극적인 은퇴를 하자 〈뉴욕타임스〉는 사설에서 "보비 존스가 없는 골프계는 파리가 없는 프랑스와 같다"면서 그의 은퇴를 말렸지만 그는 끝내 공식 시합에는 출전하지 않았다.

그 후 척수공동증에 걸린 그는 휠체어를 타고 생활하면서 아마추어 육성에 힘썼다. 56세가 된 1958년에 명예시민의 칭호를 받기 위해 세인트 앤드류스에 왔을 때 회의장 안팎으로 2천 명이 넘는 시민들이 몰려들었다.

골프를 치다 보면 가지가지 딱한 사람을 많이 만난다. 좀 잘 친다고 우쭐대는 사람이 있는가 하면 잘 맞지 않는다고 투덜거리다 못해 애꿎은 캐디에게 화풀이를 하는 사람도 있다. 거리를 잘못 알려주었다느니 그린의 경사를 알려주지 않았다느니 하며 역정을 내기도 하고, 날씨 탓으로 돌리기도 한다.

그런 골퍼는 골프장 밖 현실 사회에서도 일이 잘못되면 그 책임을 남의 탓으로 잘 돌린다. 그런 사람은 또 평소에 자기보다 높은 사람에게는 굽신거리는 대신 자기 아랫사람에게 화풀이를 하는, 좀스럽다고 할까, 치사스러운 권위주의자라고 보는 것이 좋다. 《퍼펙트 골퍼》라는 책을 쓴 헨리 뉴튼 웨드레드는 자기의 어린 아들과 딸에게 이렇게 가르쳤다.

"남이 치려고 할 때 움직여서는 안 된다. 소리도 내지 말아야 한다. 그린 위에서는 스파이크 자국이 나지 않도록 발을 높이 하고 걷는다. 벙커의 발자국, 디보트 자국 등 이런 흔적들은 자기가 완벽하다고 납득할 때까지 깨끗하게 복구해야 한다. 왜 그러는가? 그것은 남에게 폐가 되지 않도록 하는 행위가 돌고 돌아서 결국 자기에게 다시 돌아오기 때문이다."

나중에 그의 아들은 브리티시오픈과 브리티시아마에서 활약하게 되고, 딸은 전국 대회에서 29연승의 대기록을 세웠다. 그는 책 속에서 이렇게 말하기도 했다.

"자기 혼자만 우쭐해지는 것은 오만의 극치다. 자기가 즐거워지고 싶다면 상대방도 즐겁도록 만들어주어야 한다. 이런 마음씨가 결과적으로는 나 자신의 인생까지도 풍요롭게 만들어줄 것이다."

그리고 자기가 잘한 홀, 어쩌다 잘된 스윙과 샷만을 기억해서 가면 된다. 프로가 아니라면 잘못한 것을 기억할 필요는 없다. 골프는 인생의 축소판이기도 하다. 성실하게 살면 스코어 카드의 성적은 나쁘겠지만 그 대신 많은 친구를 얻게 된다. 특히나 골프장 안에서는 자기보다 못 치는 사람을 좋아하게 되어 있는 법이다. 나처럼 간신히 100타를 깰까 말까 하는 골퍼를 곧잘 붙여준 친구들도 아마 이런 이유에서였을 것이다.

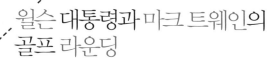

윌슨 대통령과 마크 트웨인의 골프 라운딩

미국의 역대 대통령들 중에는 골프광들이 많았지만 그중에서도 우드로 윌슨은 특히 대단했다. 그는 곧잘 정부의 장관들을 모아놓고 플레이를 하면서 회의를 열기도 했다. 이런 때에는 9번 홀까지만 장관들과 함께 돌고, 그다음 10번 홀부터는 각국의 요인들과 라운딩하면서 환담을 나누었다. 그리고 샷의 사이사이에 중요 서류에 서명을 하고, 다음 홀로 걷기 시작하면 메모를 든 비서관이 옆에 달라붙는다.

그는 있는 힘을 다해서 클럽을 휘두르기를 좋아했는데 그만큼 뒤땅을 치기도 잘했다. 언젠가는 두세 번의 헛스윙으로 볼이 제자리에서 꿈쩍도 하지 않았다. 멋쩍어진 윌슨이 캐디에게 말했다.

"여기 지렁이들은 아마도 필사적으로 도망 다니고 있겠군."

캐디가 천연덕스럽게 받아넘겼다.

"각하께서 걱정하실 필요는 없을 겁니다. 그놈들은 어디가 제일 안전한 장소인지 잘 알고 있으니까요. 그래서 모두가 대통령께서 치시려는 볼 밑의 땅속 깊이 숨어 있답니다."

그가 마크 트웨인과 함께 라운딩을 하고 있을 때였다. 역시 그는 클럽을 힘껏 휘두르면서 두 번 세 번 연달아 뒤땅을 쳤다. 그때마다 흙이 옆에 있는 트웨인의 입안에 튀어 들어갔다. 그것을 보고 윌슨 대통령이 천연스레 말했다.

"이 지역의 개발 사업이 참으로 잘 되어가고 있다고 생각하지 않는 가? 이곳은 미국에서 손꼽히는 리조트가 될 걸세. 그래서 벌써부터 내 이름을 빌려달라고 업자로부터 신청이 들어와 있다네."

트웨인은 흙이 섞인 침을 확 뱉고는 입가를 씻으며 대답했다.

"확실히 토지 개발에는 문제가 없을 것입니다. 그런데 골퍼들에게 는 좋은 코스가 되겠지만 내게는 제초제의 짠맛이 너무 강한 것 같군 요."

라운딩을 하고 난 뒤 두 사람이 치고 간 자리는 온통 파인 구멍투성이가 되었다. 마크 트웨인은 그것을 보면서 캐디에게 말했다.

"모처럼 판 구멍이니까 씨라도 뿌리게. 내년에는 코스 전체가 아름다운 꽃밭이 될 테니."

1900년의 US오픈 때 영국에서 골프의 거인 해리 바든, 헨리 테일러가 참가했다. 시합이 끝난 다음 우승자 바든과 2위를 한 테일러가 함께 시카고와 뉴욕에서 시범 경기를 했다.

마크 트웨인은 출판사 사장과 함께 그 시합을 관전하였다. 그는 흰 등산모를 쓰고 옆에서 누가 말을 걸어도 대꾸도 하지 않을 만큼 끝까지 열심히 관전했다. 늘 삐딱한 소리를 잘하는 트웨인에게도 이런 면이 있는가 보다고 생각하면서 출판사 사장이 "과연 전설적인 골퍼들은 다르군그래"라고 말했다. 그가 보기에 러프에 들어가든 벙커에 들어가든 어느 홀에서는 3퍼트를 하면서도 파로 리커버리^{recovery}하는 게 새삼 감탄스러웠던 것이다.

그러나 트웨인의 생각은 달랐다. 정말로 뛰어난 선수라면 으레 페어웨이 한가운데로 볼을 날리고, 어프로치에서도 핀에 바짝 가까이 붙여야 하는 게 아닌가.

"저 친구들 매일 볼을 치고 있는 품새로는 너무 서툴군그래."

언젠가 신문기자가 골프가 재미있느냐고 트웨인에게 물었다.

"세상에 자기 마음먹은 대로 되지 않는 게 있다니 참으로 놀라운 일이 아닐 수 없다. 따라서 나의 경우에는 스코어보다 겸허함을 배우는 게 골프의 목적이지, 따분한 숫자 따위에는 흥미가 없다."

마크 트웨인이 이런 말을 늘어놓았지만 막상 대통령에게 지는 경우에는 분풀이로 정책 비판을 한바탕 해대기 일쑤였다. 그렇게 골프를 좋아하면서도 그는 평생토록 100타 언저리에서 맴돌았다. 그러니 골프에 관한 한 겸손할 수밖에 없었을 것이다. 그는 이런 말도 남겼다.

"골프란 놈은 모처럼의 산책을 엉망으로 만들어놓는다."

클린턴 대통령은
멀리건 전문가

미국의 대통령들은 거의 모두가 골프를 좋아했다. 허리 부상으로 한평생을 고생했던 케네디 대통령도 예외는 아니었다. 골프는 매사에 조급한 편인 자기의 걸음을 늦추는 데 도움이 된다는 것이었다. 그러나 자기가 골프 치는 모습을 남이 사진 찍는 것은 매우 싫어했다. 그 것은 뒤땅을 잘 치는 자기의 어설픈 자세가 부끄럽기 때문이었다.

케네디가 골프장을 한 바퀴 도는 데는 5시간이나 걸렸다. 이와 정반대의 스타일 소유자가 부시였다. 그는 마치 기네스북의 기록을 깨기라도 하려는 사람처럼 게임을 빨리 진행한다. 그래서 그가 혼자 골프를 할 때에는 18홀을 다 도는 데 2시간도 채 걸리지 않았다.

케네디 대통령은 의외로 매우 평범한 골퍼였다. 측근들 회고담에 의하면 그는 "클럽을 크게 휘두르지 않는다. 모험을 하지 않는다. 플레이 중에 농담을 하지 않는다. 벙커 샷을 못한다. 퍼팅은 견실하다"는 것으로 골프 스타일이 정리된다. 그러나 출입 기자들의 의견에 따르면 역대 대통령 중에서 제일 골프를 잘 친 대통령이 케네디 대통령이었다고 한다.

"그의 스윙은 완벽하게 균형이 잡혀 있었다. 그것으로 봐서는 그는 틀림없이 골프를 잘 쳤을 게 틀림이 없다."

케네디 대통령의 공보비서였던 피에르 샐린저에 의하면 케네디는 플레이를 하다 자기 상대방에게 코스 안의 벙커나 해저드에 대한 정보를 알려주는 등 골퍼로서의 기본 예의에도 충실했다고 한다.

한편 클린턴 대통령이 48세 생일을 맞았을 때 백악관 출입 기자가 "세 가지 소원이 있다면 무엇입니까?" 하고 물었다. 그러자 클린턴 대통령은 "50세가 되기 전에 80타를 깰 수 있으면 좋겠다는 게 내 소원 중의 하나입니다"라고 대답했다.

그 자신의 말로는 그는 12세 때 골프를 시작해서 16세 때부터 12년 이상 안 치다가 다시 시작했다고 한다. 따라서 그의 구력은 그럭저럭 20년이 넘는다. 그가 대통령 시절에 전직 대통령들과 함께 쳤을 때의 기록으로는 93타를 쳤다. 평소에 핸디캡을 13이라 공언하던 그로서는 여간 저조한 스코어가 아니었다. 실제로 그는 여간해서는 90타를 깨지 못했다.

이날 그와 같이 그린을 돌았던 부시도 92타였고, 포드는 100타 수

준의 기록이었다. 싱글에 가까운 부시로서는 특히 형편없는 성적이었다. 그의 드라이버 샷은 두 번이나 갤러리 속으로 볼이 날아가서 사람을 맞히기까지 했다. 헤드가 나무이고 샤프트가 금속으로 된 우드를 쓰던 때에 부시는 핸디캡 11이었다.

클린턴의 경우는 한 라운딩에 5시간 이상 걸리지만 어떤 때는 6시간 이상 걸린 적도 있다고 한다. 가장 큰 이유는 그의 멀리건^{mulligan}에 있다고 한다. 멀리건은 미국 골프장에서의 관례다. 다시 말해서 9홀마다 첫 홀의 티샷 때 한 개, 페어웨이에서 두 개씩이 용납된다는 것이다. 이것은 어디까지나 클린턴의 골프 친구의 변명일 뿐이다.

그러나 클린턴의 멀리건은 그 정도가 아니었다. 그는 자기가 만족할 만한 티샷을 할 때까지 몇 번이고 다시 쳤다. 언젠가 그는 육해군 컨트리클럽에서 11번이나 티샷을 다시 했다는 이야기도 있다. 하도 멀리건을 자주 사용하니까 그는 자기 스코어가 정확히 얼마가 되는지를 모르거나 잊을 때가 많았다고 한다.

원래 멀리건이란 아침 첫 티샷이 뒤땅을 치거나 OB를 냈을 때에 한해서 한 번만 무벌타로 다시 칠 수 있는 것을 의미한다. 클린턴이 애용하는 드라이버는 그라파이트 샤프트에 메탈 헤드가 달린 캘러웨이 빅버사다. 이것으로 275야드까지 날린 적이 있다. 그러나 평균 비거리는 220에서 240야드 사이인 모양이다.

골프 전문가 말로는 클린턴이 스윙할 때 다리 동작이 작고 어깨도 충분히 돌리지 않는 게 결점이라고 한다. 그는 또 공에서 너무 멀리 떨어져 서 있고, 스윙도 너무 빠르다. 그리고 팔에 잔뜩 힘을 주기 때문에 헤드 무게를 잘 살리지 못한다. 따라서 조금만 더 천천히 자연스럽게 스윙하면 훨씬 더 멀리 또 정확하게 볼을 날릴 수 있을 것이라는 얘기였다.

미국 골프 다이제스트 잡지가 평한 것을 보면 그의 오른 팔꿈치가 백스윙 때 너무 몸에서 떨어져 있는 게 탈이라고 한다. 그러나 그의 아이언샷은 거의 나무랄 데 없다는 것이다. 그가 애용하는 아이언은 핑 아이 투ping i2의 메탈 샤프트다. 그는 특히 롱 아이언을 좋아한다. 그만큼 아이언 샷에는 자신이 있다는 것이다. 다만 벙커 샷은 매우 서툴다. 그가 벙커에서 친 공이 어디로 날아갈지 몰라 구경꾼들은 철모를 쓰고 있어야 한다는 농담까지 나오고 있다. 물론 멀리건도 여러 번 있다.

백악관에 퍼팅 연습장을 만든 것은 아이젠하워 대통령이었지만 이것을 어느 대통령보다도 애용한 것은 클린턴이었다. 핸디 13의 그는 틈만 나면 퍼팅 연습을 했다. 그에 의하면 가장 일에 쫓기지 않고 긴장을 풀고 고독을 즐길 수 있는 시간이 퍼팅 연습에 열중할 때였다. 그는 툭하면 멀리건을 썼다고 알려져 있지만 그 자신은 그렇지 않다고 부정하고 있었다. 멀리건은 스타팅 홀의 티샷에 한해서 미스를 했을 때 동반 플레이어가 다시 치는 것을 허용하는 것이다. 그런데 클린턴의 경우는 상대방의 양해도 받지 않고 멋대로 다시 쳤다. 그뿐만 아니라 제2타, 제3타에서도 멋대로 다시 쳤다.

언젠가 클린턴 대통령이 포드 전 대통령과 플레이를 하고 나자 기자가 스코어가 얼마냐고 질문했다. 클린턴은 태연히 80타라고 대답했다. 이것을 듣고 놀란 것은 잭 니클라우스였다. 그는 포드 대통령에게 속삭였다.

"50개의 멀리건을 뺀다면 80타가 될지도 모르죠."

미국 대통령이 라운딩할 때 신문기자들은 대개 1번 티만 보고 그 다음은 보지 않는 게 관례다. 그러니까 정확히 얼마나 많은 멀리건을 사용했는지 기자들은 잘 모른다. 짓궂은 기자가 "멀리건은 몇 개 받았습니까?" 하고 물으면 클린턴은 그냥 '노 코멘트'라고 대답하고 말았다. 그는 핸디가 13이지만 80타를 깨본 적은 없었다. 그 자신의 말에 의하면 80타를 깬 적이 없는 것이 아니다. 그것도 세 번이나 기록했다. 그가 대통령 재임 시절의 어느 여름휴가 때 79타의 스코어를 냈다.

"나는 80타를 깼다. 인생 세 번째의 위업이다."

그러자 어느 신문 칼럼니스트가 매섭게 비판했다.

"그 스코어는 그가 '젊었을 때 마리화나를 시험해봤지만 목구멍 속까지는 흡입하지 않았다'고 변명한 것과 같은 정도로밖에는 신용할 수 없다."

문제의 라운딩 때 클린턴은 1번 홀의 티샷에서 두 번을 다시 쳤는데 그것은 스코어에 넣지 않았다.

"세 번 친 것은 연습장에 갈 시간이 없었기 때문이다."

이렇게 그 자신은 변명했다. 처음 두 번은 연습이었다는 것이다.

아이젠하워는 재임 8년 동안 800번 라운딩

월슨 못지않게 골프를 즐긴 것은 아이젠하워였다. 그는 대통령이 된 다음에 오히려 골프가 더 늘고 80타를 깬 적도 자주 있었다. 그는 대통령으로 있던 8년 동안에 800번이나 라운딩을 했다. 1년에 1백 번 라운딩을 한 셈이다. 그는 거의 매주 수요일 오후에는 워싱턴 교외에 있는 버닝트리 골프클럽에 갔다. 그는 자기 볼을 확인한다면서 볼의 로고가 보일 때까지 클럽으로 굴렸다. 물론 그것은 위법이다. 그의 유일한 변명은 허리를 굽히는 게 힘들어서라는 것이었다. 사람들은 그것을 대통령의 특권이라고 좋게 풀이했다. 언젠가 아이젠하워가 늘 하던 버릇대로 볼을 클럽으로 굴려본다는 게 그만 볼이 바위 위로 튀어 올라갔다.

"어떻게 된 건가?"

아이젠하워가 굳은 표정으로 캐디에게 물었다.

"죄송하지만 각하께서 볼을 지나치게 확인하려 하신 것 같습니다."

아이젠하워 대통령이 거의 매주 골프장을 찾은 것은 물론 그만큼 골프를 좋아한 탓도 있지만 대통령이라는 자리가 주는 스트레스에서 해방되고 싶어서이기도 했다. 그는 경호원들에게 다른 사람들의 눈에 띄지 않도록 조심하라고 엄명을 내렸다. 그래서 경호원들은 스포츠 셔츠를 입고 권총을 옆구리에 숨긴 채 200야드나 멀리 떨어져서 은밀히 경호해야 했다. 그는 또 골프장에서 일행에게, 절대로 각하라 부르지 말고 그냥 이름을 불러달라고 신신당부했다.

어느 날 아이젠하워 대통령이 남부의 한 골프장에서 흑인 소년 캐디를 데리고 골프를 치고 있었다. 그가 드라이버 샷을 잘못하자 캐디가 거침없이 말했다.

"형편없군요."

아이젠하워의 다음 샷은 숲 속으로 날아갔다. 캐디는 또 크게 소리쳤다.

"아이고, 이번 것은 조금 전보다 더 형편없어요."

그러자 구경꾼 중의 한 사람이 캐디 소년에게 지금 클럽을 휘두른 사람은 미국 대통령이라고 귀띔해주었다. 그런 지 얼마 후에 아이젠하워가 긴 퍼팅에 성공하자 캐디 소년은 그에게 다가가서 말했다.

"링컨 씨, 이번 것은 정말로 멋졌어요."

1968년 아이젠하워 대통령이 77세 때였다. 팜스프링의 골프클럽의 13번 홀, 104야드짜리 파3에서 9번 아이언으로 홀인원을 했다. 그것은 그의 일생을 통해 처음이자 유일한 홀인원이었다. 그는 당시를 이렇게 회상했다.

"그것은 나의 일생일대의 스릴이었다."

그는 70대 후반에도 라운딩을 할 정도로 건강했는데 아놀드 파머가 "오른손을 배에서 너무 떼지 말고 왼손의 위치를 고치면 비거리가 늘어날 것입니다"라고 충고했다. 그러자 허리띠의 쇠로 된 버클에 손이 쓸려서 피투성이가 되면서도 스윙을 바로잡으려 맹연습을 했다.

그는 대통령 자리에서 물러난 다음에는 더욱 자주 골프를 쳤다. 기자들이 대통령 시절과 비교해 무엇이 달라졌느냐고 묻자 "전에는 나를 이기는 사람이 별로 없었는데 요새는 이기는 골퍼가 늘어나더군요"라고 대답했다. 조지 부시 대통령도 퇴임한 후에 이런 말을 했다.

"이제는 내가 이길 수 있는 사람이 모두 없어졌다."

아이젠하워는 대통령 자리에서 물러난 다음에 수술을 받았고, 의사가 당분간이지만 골프를 치지 말라고 일렀다. 그런 지 얼마 후에 홀인원을 했다. 그 소식을 듣고 일본 수상이 축하 편지를 보내자 다음과 같은 답장을 보냈다.

"홀인원은 나의 골프 인생 40년을 통해 처음이었습니다. 당신은 아직 젊어서 앞으로도 기회가 많을 테니까 단념하지 마세요."

그 일이 있고 1년 후에 그는 세상을 떠났다.

골프장의
모범생들

　가장 골프를 잘 치는 사람은 퀘일 부통령이었다. 그는 핸디가 7이며 스코어가 80타를 넘는 경우는 극히 드물었다. 그는 어느 누구보다도 빨리 골프를 쳤다. 18홀을 도는 데 2시간 이내가 걸렸다. 그래서 앞 팀들을 제쳐가며 쳐나가는 게 보통이었다. 그럴 때면 으레 자기의 이름이 적힌 티나 볼을 선물로 준다. 벙커 샷을 치고 난 다음에는 또 직접 모래를 가지런히 다듬는 게 보통이었다.

　우리나라에서도 대통령을 비롯하여 정계의 중진들도 골프를 즐기는 사람이 많았다. 그러나 그들의 핸디가 얼마인지는 대단한 비밀로 되어 있다. 그러면서도 경호만은 삼엄하다.

　포드 대통령이 하키 선수로 유명한 골디 하우와 함께 골프를 칠 때였다. 12번 홀에서 포드 대통령이 2피트짜리 퍼팅을 하게 되었다. 그러자 하우가 대통령에게 컨시브하겠다고 말했다. 대통령은 그린 주위에서 구경하고 있는 신문기자들과 사복 호위경관들을 가리키면서 조용히 말했다.

"당신은 눈감아주겠지만 저 사람들은 눈감아주지 않을 거요."

그러면서 퍼팅한 볼은 홀을 스쳐 굴러가고 결국 더블 보기를 하고 말았다. 그런 그도 1977년에 멤피스 콜로니얼 골프클럽의 5번 홀, 177야드짜리 파3에서 홀인원을 했다. 포드 대통령은 뛰어난 대통령은 못 되었다. 그러나 가장 성실한 대통령 중의 한 사람으로 역사에 기록되고 있다.

레이건 대통령이 오거스타 골프클럽의 초대를 받고 플레이를 하게 되었다. 그는 기자회견에서 "꿈에서까지 본 곳에서 골프를 칠 수 있게 된 것을 매우 기쁘게 생각합니다"라고 말했다. 기자가 물었다.

"꿈에서는 스코어가 어떠했습니까?"

"현실과 똑같더군요. 100타를 깨지 못했거든요."

그런 면에서는 닉슨 대통령은 완전 낙제점이었다. 골프의 전설 샘 스니드가 직접 목격했는데, 닉슨은 숲에 들어간 공을 집어 밖으로 던진 적도 있었다고 한다. 백악관에 퍼팅 연습장을 만든 것은 아이젠하워였는데 그것을 없앤 것은 닉슨 대통령이었다. 골프를 싫어한 때문이 아니다. 그저 관리하기가 너무 힘들어서였을 뿐이다. 닉슨은 90대를 치는 평범한 골퍼였다.

영국 왕실의 앤드류 왕자도 대단한 골프광이었다. 그는 아침에 일어나는 순간부터 밤에 침대에 들어갈 때까지 마냥 골프 얘기만 했다. 얘기가 없는 것은 코스에서 플레이할 때뿐이었다. 보다 못해 어머니 엘리자베스 여왕도 "15세기부터 조상님의 피를 이어받았으니 하는 수 없지" 하고 단념해버렸다는 것이다.

앤드류 왕자의 부인 사라 비는 문자 그대로 골프 미망인이었다. 앤드류는 부인에게 이렇게 말했다.

"언젠가 파플레이를 할 수 있는 날이 온다면 당신과 주말을 함께 보낼 작정이오. 그러니 그때까지 참아주시오."

그런 앤드류 왕자가 몇 해 전에야 간신히 100타를 깨고 95타를 쳤다. 그러니 파플레이란 꿈같은 얘기다.

17세기 초 골프광이던 잉글랜드 제임스 1세는 셰익스피어 극단의 후원자이기도 했다. 셰익스피어의 인간적인 매력과 능숙한 화술에 매료된 제임스 왕이 셰익스피어와 골프를 같이 쳤을 가능성이 크다. 장신의 셰익스피어는 장타자였으며 22홀을 82타의 스코어로 돈 적도 있다는 게 셰익스피어 학자의 연구 결과다. 연구 결과에 따르면 그가 쓴 희곡 34편 속에는 골프에 관련된 인용이 111군데나 있다. 특히 《끝만 좋으면 모든 게 좋다》라는 작품에는 9개가 들어 있고, 《헨리 6세》에는 8개, 《햄릿》에도 6개나 나온다.

아일랜드가 낳은 세계적인 문호 오스카 와일드는 미국으로 강연 여행을 갔을 때 처음으로 골프를 쳐보았다. 뉴욕의 한 골프장에서 첫

라운드를 마친 그에게 신문기자가 물었다.

"선생님 스코어는 어떠했습니까?"

"아주 좋지 않았습니다. 72타였다오."

깜짝 놀란 기자가 되물었다.

"네? 아니 그럼 파플레이를 하신 게 아닙니까!"

"너무 비참해서 그냥 절반만 돌고 말았어요."

그는 하프 코스를 72타로 돈 것이다.

영어사전으로 유명한 새뮤얼 존슨 박사는 끝내 100타의 벽을 깨지 못하고 더퍼로 끝냈다. 《보물섬》의 작가 로버트 스티븐슨에 대해서는 골프 친구가 "게임을 함께하기에는 부족하지만 말상대로는 최고다"라고 평하기도 했다. 그는 퍼팅이라면 노이로제가 걸릴 정도로 젬병이었다. 한번은 연속으로 3번의 퍼트를 한 다음 퍼터를 무릎에 올려놓고 두 동강을 낸 채 귀가해버리고 말았다.

천국의 골프장,
지옥의 골프장

야구의 홈런왕 베이브 루스도 골프광이었다.

"야구보다 골프가 몇 배나 더 재미있다. 9번 아이언 하나만 있으면 센터 넘어 장외홈런도 가능하다."

골프에 재미를 붙인 그는 기본부터 제대로 배우려고 브키난 프로에게 레슨을 받으면서부터 실력이 급속도로 늘었다. 2년쯤 지나자 "나는 프로 골퍼로 전향할까 하고 지금 진지하게 생각 중이다"라고 신문기자에게 농담을 할 정도였다.

"생각 좀 해봐라. 야구에서는 배트를 휘두르는 기회가 고작해야 네 번이지. 그런데 골프에서는 하루에 몇 번이고 배팅할 수 있지 않은가?"

그는 성미가 급해서 마음대로 안 될 때에는 툭하면 화를 냈다. 한 번은 6번 홀에서 볼이 깊은 숲 속으로 날아갔다. 화가 난 그는 아이언을 있는 힘을 다해 휘둘렀다. 그러자 볼 대신 1미터짜리 야자나무가 뿌리째 날아갔다. 그는 소리쳤다.

"이제 다시는 골프를 안 치겠다!"

화를 참지 못한 그는 정말 클럽하우스를 향해 걸어갔다. 브키난 일행은 그대로 플레이를 계속했고, 9번 홀에 와보니까 아직도 흥분이 가라앉지 않은 듯한 베이브가 거기 서 있었다.

"브키난, 자네에게는 미안하지만 이 못된 게임과 오늘로 결별하기로 결심했네."

"그러지 말고 우린 친구 사이이니 나머지 하프만이라도 같이 치는 게 어떻겠나?"

이렇게 설득된 베이브가 마지못해 다시 플레이를 하기 시작했는데 이때부터는 미스가 하나도 없이 17번 홀까지 파플레이를 했다. 18번 홀에서는 기적 같은 일이 일어났다. 480야드의 파5인데 베이브의 드라이버는 페어웨이 한가운데로 볼을 멋지게 날렸고, 5번 아이언으로 친 세컨드 샷의 볼은 그린으로 올라가서 두 번가량 튀더니 그대로 홀컵 속에 들어갔다.

"알바트로스다!"

모두가 잔디 위에서 뒹굴 듯이 기뻐했다. 클럽하우스로 돌아오면서 브키난이 베이브에게 말했다.

"앞으로 두 번 다시 자네와 골프를 칠 수 없게 된다니 여간 섭섭하지가 않구먼. 어쨌든 야구에서나 잘하기를 바라네."

"자네가 뭐라 하든지 나는 두 번 다시 골프는 치지 않을 거야."

베이브는 이렇게 되풀이한 다음에 멋쩍게 웃으면서 덧붙였다.

"그런데 브키난, 만약에 자네가 내일 바쁘지 않다면 9시에 1번 티 박스에서 나를 기다려도 좋다네. 어차피 그만둔다 해도 마지막으로 또 한 번 라운딩하는 것도 나쁘지는 않겠지, 안 그런가?"

유명인 중에서 으뜸가는 골프광은 아마도 미국의 작곡가 조지 거슈윈이었을 것이다. 자기 집에 100야드 가까운 쇼트 홀을 3개나 만들고 스타와 가수들을 초청해서 툭하면 미니 대회를 열기도 했다. 연주 여행 중에는 클럽은 물론이요 자기가 고안한 퍼팅 매트까지 가지고 다녔다. 그렇지만 그에게는 드라이버 샷에 문제가 있었다. 언젠가 연주 여행 중에 들른 골프장에서 훅을 연발하고 1번 홀에서는 8타, 2번 홀에서는 7타나 쳤다. 시름에 잠긴 거슈윈에게 흑인 캐디가 충고를 했다.

"선생님, 골프에는 리듬과 하모니라는 게 필요하다고요. 특히 리듬, 이게 골프의 생명이랍니다. 선생님도 가끔은 음악이라도 들으면서 공부를 하는 게 좋겠네요."

그 캐디는 거슈윈이 세계적인 작곡가라는 사실을 전혀 알지 못하고 있었던 것이다.

한 가지 재미있는 유머를 소개하겠다. 김 사장이란 사람은 독실한 신자는 아니었다. 그래서 일요일만 되면 늘 친한 친구들과 짝지어 골프장에 갔다. 그가 속한 교구의 신부님은 그가 성당을 잘 나오지 않는다고 꾸짖었다. 그러자 김 사장이 조심스럽게 신부에게 물었다.

"신부님, 한 가지 알고 싶은 게 있는데요. 천국에도 골프장이 있는가요?"

"그건 나도 잘 모르겠는데. 한번 로마 교황님에게 여쭈어보지."

2주일이 지나서 신부는 김 사장에게 다음과 같이 말했다.

"너에게 좋은 소식과 나쁜 소식을 전하겠다. 좋은 소식으로는 천국에는 훌륭한 골프장이 많이 있다는 사실이다. 아름다운 페어웨이, 비단결 같은 그린. 그런 데다 천국에서는 해가 지지 않으니까 하루 24시간을 플레이할 수가 있단다."

"그야말로 천국이네요."

이렇게 좋아하던 김 사장이 신부에게 물었다.

"그런데 나쁜 소식이란 무엇입니까?"

"너의 티오프 시간은 내일 아침 9시 12분이란다!"

이승을 떠난 김 사장이 정신 차려보니까 천국의 문 앞에 서 있는 것이었다. 그는 성 베드로에게 다가가서 물었다.

"천국에 골프장이 있나요?"

성 베드로는 고개를 가로저었다. 그래서 김 사장은 지옥을 찾아가서 악마에게 다시 물었다.

"지옥에 골프장이 있습니까?"

"아암, 있고말고."

"안내 좀 해주시렵니까?"

악마의 안내를 받아 가보니 거기에는 꿈에도 보지 못한 듯한 기막힌 골프장이 있었다. 김 사장은 감탄 끝에 플레이하고 싶은 충동을 억제할 수가 없었다.

"그럼 클럽과 볼을 빌려주세요. 한번 플레이하고 싶습니다."

"그런 것은 없다."

악마가 대답했다.

"없다고요? 이렇게 훌륭한 골프장이 있는데 클럽도 볼도 없다니 말이 됩니까?"

"그렇다. 그러기에 여기가 지옥인 것이다."

내 캐디를
빌려주겠다

진 사라젠이 쓴 회상록 가운데 '내가 반한 캐디'라는 제목의 글이 있다.

1928년 브리티시오픈에 참가하려고 탄, 대서양을 횡단하는 배 안에서 사라젠은 과거 두 번의 실패담을 월터 하겐에게 하소연했다. 그러자 이미 2회의 우승 경력이 있는 하겐이 타이틀을 얻고 싶으면 유능한 캐디를 만나지 않으면 안 된다고 조언했다.

"내 캐디를 빌려주겠네. 스킵 다니엘스라는 사람인데 오픈이 열리는 그 골프 코스에 대해서는 들쥐가 숨어 있는 구멍까지 알고 있지."

솔깃해진 사라젠이 대회 개최 코스에서 스킵을 만나보니 60세가 넘고 옷차림은 허름하고 발을 살짝 절룩거리고 있었다. 그는 하겐의 부탁을 받았다면서 기꺼이 사라젠의 캐디가 되어주겠다고 승낙했다. 사라젠의 숙소에서 함께 생활하게 된 그는 코스의 기복이며 러프의 성질까지 메모하고, 그 공략법을 가르치고 낮에는 스윙의 결점을 지적해주기도 했다.

사라젠은 대회 2일째의 13번 홀까지 이르면서 수위에 올라 있었다. 그런데 14번의 롱 홀에서 러프에 떨어진 볼을 투 온 시키려는 욕심에 스킵이 건네주는 5번 아이언을 무시하고 3번 우드로 강타했다. 그런데 볼은 20야드만 움직였을 뿐이었다. 여기서 스킵이 또다시 5번을 쓰라고 권했는데도 이를 무시하고 다시 3번 우드를 썼다. 결국 사라젠은 2타 차로 하겐에게 우승을 빼앗겼다.

이로부터 4년 후인 1932년. 전과 같은 코스에서 열린 대회에서 사라젠은 처음 만난 28세의 젊은 캐디가 마음에 들어서 대회장에서 기다리고 있던 스킵을 따돌렸다. 그런데 막상 연습 라운드를 시작해보니까 그 젊은 캐디는 태연히 거리를 잘못 알려주기가 일쑤였다. 그것을 야단치니까 오히려 당신의 타법이 나쁘기 때문이라고 반론을 펴는 것이었다. 경기를 앞둔 사라젠의 골프는 엉망이 되었다. 보다 못한 주변의 한 사람이 경기 시작 2일 전에 스킵을 사라젠에게 데리고 갔다.

"나에게 사과할 필요는 없소. 그 대신 이번 대회에서는 꼭 이겨주어야 합니다."

첫날은 2언더의 70타였다. 다음 날은 새벽부터 강풍이 불었다. 해

뜨기 전의 어둠 속에서 허리를 굽힌 채, 전날 밤에 파놓은 컵의 위치를 확인하기 위해 필사적으로 불편한 다리를 끌고 헤매고 다니는 노인이 있었다. 그는 이때는 거의 앞이 보이지 않을 정도로 시력이 악화되어 있었다. 그런데도 "그는 3야드도 틀리지 않을 만큼 정확하게 거리를 가르쳐주었다"고 사라젠은 회상했다.

2일째의 스코어는 69타였다. 3일째는 70타, 마지막 날 74타를 기록했다. 토탈 283으로 2위를 5타 차로 따돌리고 감격의 브리티시오픈의 우승자가 되었다. 사라젠은 스킵의 더러운 코트 속에 파묻혀 그를 껴안고 울음을 터뜨렸다. 시상식 때 사라젠은 자기와 나란히 스킵을 세워달라고 위원회에 부탁했지만 그런 전례가 없다는 이유로 거절당했다.

헤어질 때 사라젠은 스킵에게 자기 코트를 기념으로 주었다. 스킵은 그것을 입고 손자를 자전거에 태우고 왈츠를 추듯이 들길을 따라 떠났다. 그런 지 반년 후에 스킵은 허름한 단골 선술집의 한구석에서 그 기념 코트로 몸을 감싼 채 아무도 모르게 숨을 거두었다.

'칙 에반스 장학금'이라는 게 있다. 이것은 캐디를 위한 장학금으로, 1930년부터 오늘에 이르기까지 1만 2천 명 이상의 가난한 집안의 어린이들이 대학에 들어가는 데 도움을 주었다. 이 장학금은 1차 대전을 전후한 시대에 아마추어 골프의 정상에 올라 있던 칙 에반스라는 골퍼가 골프 연습용으로 만든 음반의 인세를 기금으로 해서 만든 것이다.

"모든 것은 골프 덕분이다. 나는 이 게임으로부터 많은 것을 배웠다. 인생을 꾸려나가는 방법, 나의 성격의 결점, 친구를 가려내는 법, 자연에 대한 경외의 마음, 그리고 무엇보다도 골프와 함께 걷는 인생의 훌륭함을 배웠다. 이번에는 그런 골프에 보답할 차례다. 그냥 이용만 해서는 안 된다. 골퍼는 골프에 보답해야 한다."

그는 이런 말도 했다.

"자립심이 없으면 골프도 늘지 않는다."

신과 천사에 의해
기적은 이뤄진다

"볼에 집중해라. 스코어는 나중에 자연히 뒤따라온다." —진 사라젠

1920년 브리티시 여자 선수권 대회의 결승전에 나온 사람은 여자 선수권 대회에서 4승 한 '무적의 여왕'이라는 세실 리치였다. 상대는 19세의 애송이 조이스 웨자레드였다. 그녀는 첫 출전이었다. 오전에는 압도적으로 우세하던 여왕이 웬일인지 퍼팅에서 실수를 거듭하여 15번 홀에서 이븐이 되었다.

17번 홀에서 조이스가 5미터짜리 퍼팅을 하려고 어드레스하는 순간 그린에서 30미터밖에 떨어져 있지 않은 선로 위를 급행열차가 통과하고 있었다. 사람들은 조이스가 으레 퍼팅을 멈출 줄 알았지만,

조이스가 친 볼은 홀컵 속으로 빨려 들어갔다. 이리하여 첫 출전에서 역전승을 거둔 그녀에게 기자회견에서 "왜 17번 홀 퍼팅 때 어드레스를 다시 하지 않았나요?"라는 질문이 나왔다.

"무슨 뜻인지 모르겠습니다."

"급행열차가 지나가지 않았습니까? 그럴 땐 퍼팅을 멈추는 게 상식 아닌가요?"

"급행열차가 지나가는 줄 몰랐거든요."

그녀는 28세에 은퇴하기까지 38번 우승을 했고, 진 것은 단 두 번 뿐이었다.

마이클 보나라크는 1961년부터 브리티시아마를 5번 우승하고, 1968년부터 다시 3연승을 했다. 그는 12세 때 친구들과 볼을 장난삼아 치기 시작했다. 그것을 보고 아버지가 일렀다.

"골프 외의 스포츠를 해라."

"왜요?"

"골프에서 필요로 하는 것은 집중력과 결단력이다. 그런데 너에게는 그게 없다. 너무 어중간하게 놀고 있을 뿐이다."

그러면서 아버지가 말한 것은 매일 70야드의 어프로치 샷을 연습하라는 것이었다.

제임스 블레이드는 신장 186센티미터, 체중이 90킬로그램의 거구인데 그가 쓰는 드라이버의 샤프트는 41인치짜리였다. 그는 그것을 잘 때에도 끼고 잤다. 어느 날 아침에 깨어보니 놀랍게도 15센티가 늘어 46인치로 길어졌다. 그것을 들고 쳐보니까 볼이 한없이 멀리 날아가는 것이었다.

"볼을 두 번 세 번 칠수록 비거리가 늘어가기만 했다. 하느님이 나에게 기적을 보내주신 것이다. 이렇게 생각한 나는 그 자리에 무릎 꿇고 앉아서 하느님에게 감사의 기도를 올렸다."

평소 어프로치에서는 누구보다도 뛰어나면서도 비거리가 짧아서 우승권에 들지 못했던 그는 드디어 1901년의 브리티시오픈에서 바든, 테일러를 멀리 따돌리고 우승한 다음 이어 10년 동안에 5회나 브리티시오픈에서 우승하고, 13년 동안 단 한 번도 베스트5에서 벗어난 적이 없었다.

"기적이랄 수밖에 없다. 나는 한번 잠이 들면 톱으로 목을 벤다 해도 깨지 못한다. 그러니까 누군가 몰래 들어와서 내 클럽의 샤프트를 개조한다 해도 모를 수밖에 없다. 그러나 불과 몇 시간 동안에 헤드와 그립을 그냥 놔두고 샤프트만 바꾼다는 것은 물리적으로 불가능한 일이지 않은가."

그러나 그 '기적' 뒤에는 부인이 있었다. 부인은 블레이드가 잠들자마자 그의 팔에서 드라이버를 몰래 빼내서, 명장과 함께 밤을 새워가면서 샤프트를 교환하고 접착 부분은 약한 불로 몇 시간 동안 건조시킨 것이다. 이 비밀을 절대로 남편에게 밝히지 않기로 맹세하여 부인과 명장은 끝까지 비밀을 지켰다.

이 사실을 집요하게 조사해서 밝혀낸 신문기자의 칼럼은 이렇게 끝을 맺었다.

"기적은 신과 천사에 의해 이뤄지는 것이지만 신시아(부인)는 참으로 천사라는 이름에 어울리는 여성이었다. 그녀는 사랑하는 사람을 위대한 사나이로 키웠다."

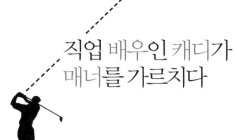

직업 배우인 캐디가
매너를 가르치다

1938년 뉴욕 주의 명문 윙드풋 골프클럽에서 있었던 일이다. 평소에 혼자 잘난 체하고 매너도 엉망이며 안하무인으로 제멋대로 살아온 오브라이언은 자기에게 안배된 캐디를 보고 깜짝 놀랐다. 찢어진 장화를 질질 끌며 나타난 그의 몰골은 거지도 그런 거지가 없었다. 때기름이 잘잘 흐르는 옷소매를 걷어 올린 팔에는 부스럼이 잔뜩 돋아나 있었다.

기겁을 한 오브라이언은 캐디마스터한테 달려가서 제대로 된 캐디로 바꿔달라고 야단치고 난 다음에 지배인을 불러오라고 호통을 쳤다. 지배인이 나타나서 정중히 말했다.

"죄송하지만 캐디가 모두 나가고 그 남자만 남아 있는 형편입니다. 그가 마음에 안 드신다면 어쩔 수 없이 회원님이 직접 캐디백을 끌고 플레이하시는 수밖에 없겠습니다."

그 당시에는 사용 클럽 수가 무제한이었다. 그래서 오브라이언의 특제 캐디백에는 늘 32개의 클럽이 들어 있었다. 그게 무겁다고 캐디가 비틀거리고 느릿느릿 걷기라도 하면 호통 치는 게 예사였다. 그런 무거운 백을 자기가 끌고 다녀야 한다는 것은 생각만 해도 끔찍스러운 일이었다. 하는 수 없이 1번 홀에서 그 캐디로부터 드라이버를 받아들다 말고 물었다.

"그 팔은 왜 그러나?"

"이거요? 벌레들이 물어뜯은 자국인데 인디언한테서 받은 약기름을 발랐으니까 걱정하실 필요는 없습니다."

그 약기름이 묻어서인지 드라이버의 그립이 미끌미끌했다. 오브라이언은 캐디에게 일렀다.

"앞으론 내가 직접 클럽을 꺼낼 테니까 그런 줄 알아라."

"당연히 그래야죠. 그게 올바른 매너가 아닌가요? 지금까지 거드름 부리면서 번번이 캐디가 클럽을 꺼내주기를 기다린 것도 잘못이랍니다."

캐디에게 폭발하려는 화를 억지로 참고 친 드라이버 샷이 제대로 맞을 턱이 없었다. 볼은 크게 슬라이스를 내고 숲 속으로 날아 들어갔다.

"그립에 네놈의 팔 기름이 묻어서 이렇게 되지 않았느냐!"

그러나 캐디는 태연히 받아넘겼다.

"선생이 몇 번씩이나 닦고 이제 괜찮다고 여겼으니까 친 게 아닌가 요? 책임을 남에게 돌리진 마세요. 골퍼 중에 흔히 있지만 선생님도 볼을 잘못 칠 때마다 핑계를 남에게 돌리는 사람인가요?"

"내가 누군 줄 알고 감히, 이놈을 당장에 죽여버리겠다!"

"나를 죽이면 이 무거운 캐디백은 누가 운반하나요?"

오브라이언이 애써 못 들은 척하고 볼이 날아간 곳을 찾아 헤매는 데도 캐디는 페어웨이 한가운데 우뚝 서서 콧노래를 부르고 있었다.

"멍청이처럼 거기 서서 무엇을 하는 거냐! 공을 찾지도 않고?"

"볼을 잘못 친 것은 선생님인데 나한테 화를 내다니 말이 됩니까? 나를 노예 취급을 하면 안 되지요, 안 돼요."

그 후부터 오브라이언의 골프는 더욱 엉망이 되었다. 볼이 벙커에 빠지면 캐디는 손뼉 치며 웃어대고, 퍼팅에 실패하면 한심하다는 듯 혀를 차며 말했다.

"그렇게 못 치면서 잘난 체 거드름 부리다니, 부끄러운 줄이나 아세요."

"캐디 주제에, 건방지게 감히 누구에게?"

불같이 화를 내려고 했지만 문득 평소에 남의 미스 샷을 비웃었던 자기 모습이 떠올라서 애써 참았다.

그래도 부글부글 끓어오르는 마음을 간신히 가라앉히며 14번 홀에 이르렀을 때 보니 지금까지 함부로 입을 놀리던 캐디의 모습이 보이지 않았다. 그러더니 땅 아래에서 신음 소리가 들렸다. 사람들이 달려와 보니 그가 깊은 벙커 속에 떨어져 누워 있는 것이었다.

사람들이 간신히 그를 구조했지만 그는 도저히 무거운 캐디백을 옮길 수 있는 형편이 아니었다. 하는 수 없이 오브라이언은 32개의 클럽이 들어 있는 그 무거운 캐디백을 자기가 직접 끌고 다니면서 플레이할 수밖에 없었다. 그제야 그는 캐디의 일이 얼마나 힘든지 깨닫게 되었다.

골프가 끝나고 샤워를 하고 클럽하우스의 바에 앉아 술을 마시면서 생각하면 할수록 그놈의 캐디가 여간 괘씸하지 않았다.

"뭐라고? 그린 위에서는 스파이크의 자국으로 풀이 결딴나기 쉬우니까 보통 때보다 발을 높이 치켜 올리라고? 벙커에서는 자기 발자국 이외의 자국들도 모두 깨끗이 지우라고?"

그러다 문득 얼굴을 돌리던 중 바의 한쪽 구석에서 칵테일을 마시고 있는 단정한 옷차림의 사나이가 눈에 띄었는데 매우 낯이 익었다. 둘의 눈이 마주치자 그 사나이가 손에 든 술잔을 높이 치켜들고 웃으면서 팔을 긁적이는 시늉을 했다. 그제야 오브라이언은 모든 것을 깨달았다. 사실은 그 사나이는 매너가 나쁜 회원들에게 교훈을 주기 위해 골프클럽에 채용되어 클럽을 돌아다니는 직업 배우였다.

2장

골프
심리학

"골프는 연애하는 것과 같다. 그것을 심각하게 받아들이지 않으면 재미가 없다. 그런데 그것을 심각하게 받아들이면 가슴이 무너지게 된다."

—아놀드 데일리

"엄숙한 스포츠란 페어플레이와는 전혀 무관하다. 그것은 결국 증오와 질투와 자만에 차고, 모든 룰을 무시하고 폭력을 목격하는 데 잔학한 쾌감을 느낀다. 한마디로 그것은 총을 쏘지 않는 전쟁이다."—조지 오웰

로의 법칙,
자신의 성격을 잘 파악하라

"아마도 이 세상에 나보다 퍼팅을 잘하는 골퍼는 없을 것이다."

이렇게 제 입으로 제 자랑을 할 만큼 조지 로는 퍼팅의 명수였다. 그는 이런 말도 했다.

"아무리 기를 써도 비거리는 어쩔 수 없는 선천적인 것이다. 그런 비거리를 늘리겠다고 애쓰지 말고 빨리 자기의 올바른 퍼팅 거리를 파악하는 것이 골프에서의 지름길이다."

그를 특히 유명하게 만든 것은 그가 내놓은 이른바 '로의 법칙'이다.

"요새 골퍼들은 기술적 무장에만 열심이지, 스윙을 하는 마음가짐에 대해서는 무관심하다. 명골퍼들은 모두가 정신적 무장의 달인들이다. 나 나름으로 정신적 무장의 원칙을 풀어보자면 다음과 같다."

그가 말한 열 개의 원칙 중에서 으뜸으로 든 것은 자기 자신의 성격을 잘 파악하라는 것이었다. 골프를 할 때에는 누구나 긴장을 한다. 다만 그런 긴장감을 긍정적으로 받아들이고 즐거움을 느낄 수 있는 사람이 있고, 긴장감을 이겨내지 못하고 위축되어버리는 사람이 있다. 이런 사람은 평소에는 곧잘 치는데 낯선 사람들과 어울려서 치는 큰 대회에서는 실수를 연발한다. 그러니까 이런 사람은 잔돈 내기는 무방하지만 큰돈 내기에는 어울리지 않는다.

두 번째로는 골프란 놀이의 하나일 뿐이니, 느긋한 마음으로 즐기라는 것이다. 세 번째로 강조한 것은 지난 일은 모두 잊어버리고 기분의 전환을 쉽게 할 수 있어야 한다는 것이다. 이와 관련해서 위기관리 능력을 키우라는 것도 있다. 골프에서는 다음에 무엇이 일어날지 예측할 수 없다. 따라서 어떤 예기치 못한 일이 일어나도 동요하지 않도록 하라는 것이다.

또 하나 로가 강조한 법칙 중에 항상 일정한 템포를 유지하라는 게 있다. 걸을 때나 어드레스할 때나 스윙할 때 템포가 빨라지거나 느려지거나 하면 안 된다는 것이다.

그리스도와 모세가 골프 시합을 벌였다. 두 사람이 파5의 홀에 이르렀다. 그 홀의 그린 바로 앞에는 호수가 가로놓여 있었다. 모세가 친 볼은 핀 옆 3미터에 멋지게 붙었다. 그리스도가 모세에게 물었다.

"몇 번을 쓰셨나요?"

"5번 아이언."

그리스도는 그 소리를 듣자마자 조금도 망설임 없이 캐디백에서 9번 아이언을 꺼내서 쳤다. 그러나 볼은 호수 한가운데에 빠졌다. 모세가 물었다.

"내가 5번으로 저기까지 볼을 보냈다고 기껏 말해줬는데 왜 9번을 썼느냐?"

"사실은 엊그제 텔레비전에서 봤는데 타이거 우즈가 이와 똑같은 거리에서 그린에 올리는 데 9번 아이언을 쓰더군요."

한 구경꾼이 모세에게 넌지시 물었다.

"저분은 자기가 누구인 줄 알고 있습니까? 정말로 그리스도입니까?"

"그는 예수 그리스도임에는 틀림이 없다. 그런데 본인은 자기가 타이거 우즈인 줄로 착각하고 있는 것이다."

영화 '다이하드'의 주인공으로 유명한 배우 브루스 윌리스는 골프를 할 때에는 툭하면 흥분한 나머지 라운딩하다 클럽을 잊는 것이 다반사라고 한다. 언젠가는 골프를 시작했을 때 분명 캐디백에 12개의 클럽이 있었는데 홀아웃할 때에는 백 속에 5개밖에 남아 있지 않았다.

"내 뒤를 따라 플레이를 한 사람은 하프 세트를 얻었다고 좋아할 것이다."

이렇게 말하면서 미련도 없이 골프장을 떠났다고 한다. 그가 가장 좋아한 프로 골퍼는 그렉 노먼이었다. 그래서 스윙도 그를 닮으려고 무척 애썼다. 하도 그를 닮으려 애쓴 나머지 등뼈를 다치기도 했다.

이때 그가 얻은 값진 교훈이 있었다.

"나는 죽었다 깨어나도 그렉 노먼은 될 수 없다."

가령 나의 드라이버 비거리가 180야드인데 남이 7번 아이언으로 똑같은 비거리를 낸다고 할 때 그게 부러워서 덩달아 나도 오기로 7번 아이언을 쓴다면 그야말로 내 분수를 모르는 짓이다. 그렇지만 160야드 앞의 벙커가 마음에 걸려서 돌아간다면? 그런 소극적인 자세로는 결코 승자가 될 수는 없을 것이다.

아더 마틴은 척추장애로 늘 휠체어를 타고 있어야 했다. 그보다 두 살 위인 형 찰스는 18세에 스크래치 플레이어가 될 정도의 뛰어난 골퍼였다. 그러면서도 번번이 브리티시오픈의 본선에서 떨어졌다. 그 이유에 대해 아더는 골프 월간지와의 인터뷰에서 이렇게 설명했다.

"형은 너무 착한 게 탈입니다. 그래서 공격해야 할 때에 적극적으로 공격하지 못하고 어정쩡하게 된답니다. 마음이 약한 사람일수록 중요한 퍼팅을 할 때 짧거나, 어프로치 샷에 실수하는 확률이 70%나 됩니다. 이것은 선천적인 미스라고 볼 수밖에 없을 것입니다.

그런 미스는 멘탈 트레이닝으로도 어느 정도밖에 커버가 되지 않습니다. 성격적으로 압박을 받았을 때 이겨내는 사람이 있고, 숨 막혀서 지는 사람이 있습니다. 형은 후자에 속합니다. 그래도 그렇게 인간미가 넘치는 형의 골프를 저는 좋아한답니다."

지네의
법칙

스포츠 심리학에 '지네의 법칙'이라는 게 있다. 거미가 산책을 하던 중에 독기를 품은 지네를 만났다. 물리면 큰일이다 생각한 거미는 지네에게 잔뜩 아양을 떨었다.

"지네님은 언제 보아도 100개의 다리를 멋지게 움직이는 모습이 참으로 아름답습니다. 거기에 비하면 저는 발이 겨우 8개밖에 없으니 지네님이 부러울 뿐입니다."

그제야 지네는 자기에게 발이 100개나 달려 있다는 사실을 새삼 깨닫고는 거미를 잡아먹을 생각을 잊고 생각에 잠겼다.

"그러고 보니 과연 나는 발이 100개나 달려 있구나. 그렇다면 내가 첫 발을 디딜 때 셋째 발은 어떻게 움직여야 하나? 50번째, 80번째 발은 또 어떻게 하고? 아니 첫 한 발을 움직일 때 제일 마지막 발은 어떻게 움직여야 하나?"

이렇게 생각하면 할수록 함부로 첫 발을 놀릴 수가 없게 되었다. 지네는 그 자리에서 꿈쩍도 하지 못한 채 겨울이 되자 결국은 얼어 죽고 말았다.

14세에 핸디 0이 된 지미 라이트는 20세에 클럽 프로가 되고, 5년 동안 고생 끝에 드디어 1973년에 US오픈에 출장하게 되었다. 그는 시합이 있기 4일 전에 현지에 가서 연습 라운드를 마치고 클럽하우스의 식당에서 저녁을 먹으려다 보니까 잭 니클라우스가 유명한 저널리스트와 환담을 하고 있는 중이었다.

"골프의 최대의 매력은 팬이 프로와 몸과 마음이 하나가 되는 것이다. 팬은 마치 자기가 시합에서 플레이하는 기분이 된다. 곧 나는 팬과 일심동체가 되어버리는 것이다."

잭 니클라우스의 이런 말을 듣고 있으려니 가뜩이나 흥분과 긴장에 휩싸인 지미의 마음은 황홀과 불안으로 제정신을 잃을 지경이었다.

연습 라운드 2일째의 점심때에는 우승 후보로 유력하던 존 슈리가 다가와서 "자리를 같이 해도 좋으냐"면서 옆자리에 앉는 것이었다. 그러면서 "자네는 무슨 볼을 치고 있나?" 하고 넌지시 묻는 것이었다.

"T의 컴프레션입니다."

"그래? 한데 리 트레비노는 부드러운 감촉이 좋아서 여름에는 컴프레션 80, 겨울에는 여성용의 볼을 치고 있다고 그러던데. 메이커가 발표하는 숫자를 믿어서는 안 되지. 어느 회사의 100은 다른 회사의 90과 같고, 또 다른 회사의 100은 실측해보면 107의 컴프레션이 있거든."

그러면서 또 다른 질문을 툭 던졌다.

"자네는 페이드, 아니면 드로우?"

"페이드입니다."

"그렇다면 볼이 좀 딱딱한지도 모르겠다. 때로는 볼을 칠 때 퍼터로 치는 듯한 감촉이 들 때가 없나?"

"있습니다."

"역시 자네에게는 딱딱한 볼인가 보다. 90으로 바꿔보게."

지미는 이때부터 음식이 목에 넘어가지 않았다. 시합을 하루 앞두고 마지막 연습을 마친 지미가 식당에 앉았다. 그랬더니 조니 밀러, 헤일 어윈 등 쟁쟁한 선수들이 한자리에 둘러앉아서 담소를 하다가 그중의 한 사람이 지미에게 여기 와서 함께 앉으라고 초대하는 것이었다.

지미가 합석해서 들으니 모두가 클럽 애기에 열중하고 있었다. 스니드의 클럽은 너무 딱딱하고 무겁다느니, 니클라우스는 가벼운 클럽을 좋아한다느니, 역시 가벼운 클럽을 좋아하는 게리 플레이어는 D2로 치고 있다느니······.

듣고 보니 지미는 더욱더 불안해졌다. 자기는 D9를 쓰고 있기 때문이었다. 그를 더욱 불안하게 만든 것은 저녁을 먹을 때였다. 식사를 같이 하자고 권한 딘 비먼이 금시초문인 라이 측정기에 대해서 설명을 늘어놓는 것이었다.

"요새는 2번, 3번 아이언은 과거의 유물이 되어버렸다. 프로이드는 5번 우드, 트레비노는 6번 우드로 엄청난 돈을 벌어들이고 있단 말이야. 그런데 자네는 클럽 체크를 하고 있나?"

그때까지도 그냥 무심히 볼을 쳐왔던 지미의 머릿속이 산산조각이 되어버리는 것 같았다. 결국 그는 2일 동안에 17오버로 컷오프 당하고 말았다. 그것이 그의 처음이자 마지막 프로 시합이었다. 그제야 그는 자기 아버지가 한 말의 참뜻을 알게 되었다.

"여자의 탈의실과 골프 이론은 절대로 기웃거려서는 안 된다. 골프는 손가락이 비틀어질 때까지 그저 치고 또 치면서 터득하는 게임이다. 골프에 관한 한 지식 따위는 아무짝에도 소용이 없단다. 쓸데없이 잡다한 이론에 걸려들면 모처럼 하느님으로부터 받은 천성이 엉망이 되어버린다. 그러니 아무 생각 없이 그저 볼을 치고 또 쳐라."

1967년 밀워키오픈 때의 일이다. 데뷔 대회에 출전한 제리 맥기는 첫날 68타의 좋은 성적으로 끝냈다. 그는 라운드를 끝내자마자 연습장에 가서 드라이버 샷을 하기 시작했다. 문득 등 뒤에서 인기척을 느끼고 뒤돌아보니까 라운드를 같이 한 선수가 자기 캐디백을 바닥에 놓고, 그 위에 앉아서 두 손으로 턱을 고인 채 제리의 스윙을 관찰하고 있는 것이었다. 그는 투어에서 10승을 올린 베테랑 골퍼였다. 그러나 이날은 왠지 성적이 좋지 않아 73타를 쳤다.

예선에서는 2일간 짝을 바꾸지 않는 게 이 토너먼트의 규칙이니까 다음 날도 둘은 같이 라운딩하게 되어 있었다. 제리는 그에게 가볍게 인사를 했다. 그러자 그 베테랑은 자못 감탄한 표정을 지으면서 말했다.

"젊은이, 오늘 플레이는 참 좋았네. 한데 보면 볼수록 어떻게 그런 그립으로 68타를 칠 수 있었는지 참으로 알 수가 없단 말이야."

이렇게 말하고 베테랑은 고개를 갸우뚱거리면서 자리를 떴다. 그 말을 듣기 전까지 제리는 자기 그립에 대해서 조금도 의심한 적이 없었다. 그는 무엇이 잘못되어 있는가 하는 의심에 사로잡히게 되었다.

그 후유증은 다음 날 게임에 그대로 나타났다. 1번, 2번에서 연달아 더블 보기를 하고 3번에서야 간신히 보기를 했다. 그에 비해 베테랑은 연속 파를 했다. 그의 능청스러운 표정을 보며 제리가 그제야 자기가 베테랑의 계략에 넘어간 것을 깨달았다. '이번에는 내가 당신을 골탕 먹여야겠다'고 마음먹은 그는 5번 티로 걸어가는 도중에 정중하게 베테랑에게 말을 걸었다.

"저는 평소에 당신을 존경해왔습니다. 혹시 딱 한 가지만 가르쳐주실 수 없겠습니까?"

"그야 어렵지 않지. 뭔데?"

"당신과 같은 능숙한 골퍼는 임팩트 순간에 숨을 들이마십니까, 아니면 내뿜습니까?"

"글쎄……?"

이때부터 잘나가던 베테랑의 솜씨가 어긋나기 시작했다. 그는 예선에서 보기 좋게 떨어지고, 제리는 버디를 7개나 하며 예선을 멋지게 통과했다. 홀 아웃하자마자 베테랑이 제리의 가슴을 손가락으로 찌르면서 소리쳤다.

"네놈이 나를 함정에 빠뜨렸구나!"

"그야 피장파장이 아니겠습니까."

우리 아마 골퍼들은 친구들끼리 플레이를 하면서 친하기 때문에 재미로 상대방을 골탕 먹이는 장난을 잘 치곤 한다.

입스병에 시달린 세계적인 골퍼들

샘 스니드는 투어 84승의 기록에 빛나는, 20세기의 대표적인 골퍼 중 한 사람이다. 그런 그가 가끔 입스병이라는 못된 증세로 고생했다. 1961년 투산오픈의 3일째 경기에서였다. 15번 홀이 끝났을 때 그는 톱을 2타 차로 쫓고 있었다. 16번 홀에서는 제2타가 그린에 산뜻하게 올라가서 핀까지 3미터 거리에 붙었다. 여기서 성공하면 당장 1위로 올라갈 수 있게 되었다.

볼을 놓고 어드레스 자세를 취하고 퍼팅을 하려는 순간 갑자기 그의 표정이 고통스레 일그러졌다. 고개를 들어 올리고 다시 퍼팅을 하려다 말고 오른팔을 들어 올려서 흔들고는 식은땀을 닦는 것이었다.

한참 후에 간신히 친 볼은 홀컵에서 1미터나 짧게 굴렀다. 여기서 다시 같은 동작을 고통스러운 표정으로 되풀이한 다음 친 볼은 이번에는 2미터나 오버했다. 세 번째로 친 퍼트는 3미터나 오버하여 당초에 그린에 온 시켰던 자리로 되돌아왔다. 이렇게 간신히 컵에 볼이 들어가기까지 5번이나 퍼팅을 해야 했다. 그다음 날도 플레이는 엉망이 되어 경기가 끝났을 때에는 그는 12위로 미끄러져 내려갔다. 평소에 '타고난 골퍼'라는 소리를 들어오던 그의 너무나도 처참한 모습이었다.

기계처럼 정밀한 플레이로 전설적이었던 벤 호건도 한때 경기 중에 갑자기 손에 경련이 일어나서 여러 번이나 우승권 밖으로 밀려난 적이 있다. 토니 재클린의 경우에는 불과 30센티미터 퍼팅을 하는데 볼이 절반도 나가지 않아서 그린 위에서 울어버린 적이 있다. 그 후 그는 다음과 같이 말했다.

"심할 때에는 칠 마음이 없는데도 경련의 여파로 볼을 쳐버린 적도 있다. 내 경우에는 이런 지옥과 같은 상태에서 헤어나는 데 7년이 걸렸다."

1976년에 혜성처럼 세계 골프계에 등장한 19세의 베른하르트 랑거가 기막히게 드라이버와 아이언으로 핀에서 2미터 거리에 올려놓은 다음에 친 퍼팅이 3미터나 오버하고, 그것을 또 쳤는데 2미터 넘게 짧았다. 아놀드 파머도 이 병에 걸려서 고생한 적이 있다.

"두 팔, 손목이 경직되어 순간적으로 마비 증세를 일으킨다. 움직이려고 하지만 손이 꽁꽁 묶여서 도저히 어쩔 수가 없게 된다."

샘 스니드 자신의 말이다.

정신과 의사들은 이것을 '경직증' 또는 '기피증후군'이라고 부르고 있다. 그냥 '트위치twitch'라고 부르기도 한다. 이 병은 아무나 걸리는 게 아니며 아무 때나 증세가 나타나는 것도 아니다. 엄청 큰 상금이 걸려 있거나 매우 중요한 경기일 때, 특히 우승권 내의 선수들이 흔히 걸린다.

그것은 틀림없는 병이다. 아마 골퍼가 친구들과 모처럼 주말 골프를 할 때 손이 떨려서 퍼팅을 실수하는 경우는 병이 아니다. 그냥 미숙하기 때문이다.

한 세기 전의 신경과에서는 '크라프트 펄시'라는 병명을 붙였다. 그것은 손을 쓰는 직업인들에게 잘 걸리는 병이다. 피아니스트 글렌 굴드는 연주를 하기 전에 30분가량 손을 더운 물에 담그고 있었다고 한다. 나도 한참 글을 쓰고 있으면 오른 손가락들이 뻣뻣하게 굳어져서 말을 듣지 않을 때가 있었다. 골프에서는 이런 단순한 근육의 경직보다도 정신적인 스트레스가 더 큰 원인일 것이다.

골퍼가 걸리는 유행병들 중에는 특효약이 따로 없는 것들이 많다. 게임하는 도중에 상대방이 그린 위에 올라온 볼의 위치를 마크하면서 볼을 슬쩍 1센티미터가량 핀 가까이 당겨놓았다. 그것을 보고 화가 난 알렉스 미른이라는 사람이 퍼터로 그 골퍼의 머리를 후려쳐서 전치 2개월의 중상을 입혔다. 그리고 미른 자신은 10개월 동안 감방신세를 졌다. 이 사건 이후로 상대방이 단 한 치라도 부정을 저지르는 것을 용서하지 못하는 성벽을 로스앤젤레스에서는 '미르니병'이라고 부르게 되었다. 미르니병 환자는 팔짱을 끼고 상대방이 부정을 저지르지나 않나 하고 감시하기에 바쁘다.

미국의 동부아마골프협회의 빌 프랭클린 회장은 다음과 같은 논평을 신문에 발표했다.

"골프처럼 속임수를 쓰는 사람이 주위로부터 심하게 경멸받는 게임도 없다. 나는 폭력에는 찬성하지 않지만 알렉스 미른은 훌륭한 골퍼라고 생각한다."

그렇지만 미르니병 환자를 반기는 사람은 그다지 많지 않다.

그런가 하면 그린 위에서 속임수를 잘 쓰는 습관성 환자를 '스와니병자'라고 한다. 조니 스완슨은 그린 위에서 볼을 두 번, 세 번 옮겨놓으면서 조금씩 핀 가까이 마크를 해나가는 데 놀라운 솜씨를 보였다. 그는 다른 플레이어들이 한눈팔고 있는 사이에 심할 때에는 5미터나 앞으로 마크를 옮겨놓았다.

"한평생 동안에 나는 아마 1만 2천 미터가량의 거리를 벌었나 보다. 내가 원한 것은 소매치기와 같은 스릴이었다."

스와니병은 정확히는 병이라기보다 부정에 가깝다. 그것은 이를테면 악의 유혹에 빠지는 괴한과 같은 것이다. 사기에 가까운 범죄 행위라고나 할까. 문제는 이 병에 걸린 사람들에게는 범죄의식이 별로 없다는 데 있다.

흥분하면
지는 거다

"화내는 순간 골프는 무너진다."—토미 볼트

1934년의 일이었다. 당시 천하무적을 자랑하던 진 사라젠이 오스트레일리아에 와서 시범 경기를 갖기로 했다. 그와 경기를 같이 할 여러 후보 중에서 뽑힌 것은 천재라는 소리를 듣던 20세의 니다였다. 이 소식을 듣고 한 부자가 니다에게 다음과 같은 제안을 했다.

"오스트레일리아의 명예를 위해 꼭 사라젠에게 이겨라. 그러면 미국에 가서 동계시합^{윈터 서키트}에 출장하는 데 필요한 비용을 부담하겠다."

신바람이 난 니다는 시종 과감한 골프를 쳐서 12번 홀이 끝날 무렵에는 사라젠을 4타나 앞지르고 있었다. 드디어 13번의 쇼트 홀에 왔다. 니다의 티샷은 홀인원이 될 뻔하게 60센티미터 정도 홀컵에 볼을 붙였다. 사라젠은 90센티미터. 그린에 올라온 니다는 사라젠에게 경의를 표하면서 사라젠의 볼을 주워 들고 상냥하게 건네주었다. 그는 으레 사라젠도 자기에게 OK를 주리라 기대했다. 그러나 사라젠은 전혀 모른 체하고 서 있기만 했다.

화가 머리끝까지 오른 니다는 "치사한 놈이다. 예의의 기본도 모르는 놈이다. 도저히 용서할 수가 없다." 이렇게 중얼거리면서 흥분한 나머지 떨리는 손으로 퍼터를 잡고 볼을 밀어 넣으려 했다. 그런데 볼은 컵을 한 바퀴 돌며 튀어나갔다.

그다음부터 그는 완전히 딴사람과 같았다. 다음 홀인 14번에서는 두 번이나 OB를 내며 허무하게 무너져갔다. 이리하여 그의 미국행은 허탕이 되었다. 나중에 그는 이렇게 말했다.

"분노는 골프의 최대의 적이다."

"분노는 무모와 함께 시작하고 후회로 끝난다."

다름 아닌 피타고라스의 말이다.

1958년 브리티시오픈의 우승자인 토미 볼트는 기술에서는 그를 따라갈 골퍼가 없다고 할 정도였다. 한 가지 그에게는 미스 샷을 했을 때의 감정을 억제하지 못한다는 치명적인 결점이 있었다.

그는 조금이라도 자기 마음에 들지 않는 샷을 했을 때에는 골프채를 던지고, 물속에 빠뜨리기도 하고, 채를 꺾는 것도 예사였다. 보다 못한 미국프로골프협회^{PGA}는 '토미 볼트법'이라는 새 룰을 마련하고 클럽을 고의로 파손하는 행위에 벌금을 매기기로 했다. 그가 자기를 변호하는 모습도 가관이었다.

"삼라만상의 모든 것은 밸런스로 성립된다. 인간도 늘 밸런스를 유지해야 하는 가냘픈 생물이라 생각한다. 철학자 칸트도 말했지만 사람마다 제각기 다른 방식으로 내부 붕괴를 막는 것이 현명한 삶의 방식이다. 내 경우는 클럽을 던지는 것으로 발광으로부터 나 자신을 구하고 있는 것이다."

어느 대회에서는 드라이버 샷이 훅이 나서 볼이 연못에 빠졌다.

"그 순간 나는 한겨울의 석탄 난로보다 더 빨갛게 타올랐다. 그리하여 근성이 썩어빠진 드라이버에 천벌을 주려고 마음먹었는데 그냥 던지면 재미없다, 더 혼내줘야겠다고 생각했다."

그래서 그는 드라이버를 호면을 향해 수평으로 던졌다. 클럽은 수면 위로 한 번 튕겨 올랐지만 끝내 물속으로 빠졌다.

"그것은 아주 좋은 클럽이었다. 그래서 라운드가 끝난 다음에 수중다이버에게 연락해서 건져달라고 부탁했다. 그리고 발견하면 보상금으로 150달러를 주기로 약속했다. 그러나 드라이버는 끝내 회수하지 못했다. 왜 그렇게 좋은 클럽을 던졌느냐고? 그건 나도 모른다. 핏대가 나는 순간 머릿속이 텅 비어서 무엇을 했는지 이해할 수 없는 것이다."

보비 존스도 소년 시절에는 온순한 성격이 아니었으며 화를 잘 냈다. 그는 5세 때부터 클럽을 만졌고, 12세 때에는 지방 골프클럽에서 프로 아마를 막론하고 그를 당해낼 골퍼가 없을 정도였다. 그러나 그는 성미가 급해 클럽을 잘 던지는 것으로 유명해졌다.

그의 성미가 달라진 것은 바트 할아버지를 만난 다음부터였다. 바트는 뛰어난 골퍼였는데 관절염으로 어쩔 수 없이 현역에서 물러난 다음 클럽 프로숍에서 파트타임으로 일하고 있었다.

보비 존스는 14세 때 전국 아마 선수권 대회에 출전하였지만 우승을 놓쳤다. 그러자 바트가 보비에게 다음과 같이 충고했다.

"보비야, 너는 대회에서 충분히 우승할 수 있다. 그러나 네가 너의 성미를 억제하지 못하는 한 절대로 우승하지 못한다. 네가 미스 샷을 하면 그 순간부터 냉정을 잃게 되고, 그러면 지게끔 되어 있다."

보비가 처음으로 우승한 것은 21세 때였다. 그러자 바트 할아버지가 웃음으로 그를 반기면서 말했다.

"네가 골프를 마스터한 것은 14세 때였다. 하지만 네가 자기 자신을 마스터한 것은 21세부터다."

골퍼의
미신과 징크스

골프에서는 운이 게임의 승패를 좌우할 때가 많다. 자기 자신이 생각해도 놀라울 만큼 볼을 잘 칠 때가 있는가 하면, 눈 감고도 될 만한 숏 퍼팅을 그르칠 때가 있다. 그래서 미신을 믿는 골퍼들이 많다.

볼의 번호에 신경을 쓰는 사람이 있는가 하면, 특정 색깔의 티를 기피하는 사람이 있기도 하다. 플레이하는 날짜가 짝수냐 홀수냐를 따지는 사람도 있다. 아놀드 파머, 잭 니클라우스와 같은 명[名]골퍼들도 가리는 게 많다. 진 사라젠은 특히 심했다.

"나라는 인간은 미신을 굳게 믿고, 미신을 기준으로 행동을 결정한다. 그 결과가 어땠느냐고? 물론 미신을 믿은 덕분에 매우 행복한 인생을 손에 넣었다."

그는 1922년에 운 좋게 우승을 한 다음부터 '2'라는 숫자가 그의 럭키 넘버가 되었다. 가령 토너먼트의 첫날 파3의 홀에서 2가 나오면 그때부터 그는 행운을 잡았다고 믿었다.

1932년에 사라젠이 6년 동안이나 몸담아오던 소속 클럽 코스에서 US오픈이 열리게 되었다. 그러자 그는 이 클럽의 수석 프로 자리를 사직했다. '프로 선수는 자기 소속 클럽의 코스에서는 절대로 이기지 못한다'는 징크스를 믿은 것이다.

그뿐이 아니다. 1922년의 US오픈에서 우승했을 때 여기에 대한 준비로 사잔오픈에 출전하는 것이 크게 힘이 될 것 같았다. 이것이 생각나자 그는 낚시 여행을 하려던 계획을 포기하고 뉴올리언스로 달려갔다. '거기서 우승한 다음이라야 US오픈에서 우승할 수 있다'고 믿었기 때문이다. 그래서 그는 시합이 있기 2일 전에 낚시복을 입은 채로 800마일의 먼 길을 자동차를 몰고 가서 우승을 하고 말았다. 이 시합 마지막 날의 최종 홀은 롱 홀이었다. 여기서 제2타를 치려 할 때의 상황을 설명했다.

"나는 페어웨이에서 반드시 드라이버를 써야 한다고 마음먹었다. 왜냐하면 1922년에 스코키에서 있었던 시합에서 제2타째 드라이버를 썼기 때문이다. 그리고 또 치기 전에 왼쪽 인지와 중지를 살짝 핥고 나서 클럽을 잡았다. 그래서 투 온에 성공한 것이다. 그래서 나는 두 손가락을 핥고 클럽을 잡았기 때문에 그린에 볼을 올릴 수 있었고, 버디를 잡아서 우승할 수 있었다. 골프에서는 미신을 믿는 게 훨씬 플레이하기가 쉽다."

1932년의 US오픈에서는 3일째까지 시원치 못했다. 그래서 마지막 날에는 미신을 믿고 '행운의 재킷'을 입기로 했다. 이 낡은 윗옷을 입고 싶은 마음이 생기면 이상하게도 승리의 여신이 찾아오는 것이었다. 아닌 게 아니라 코스의 입구에서 골프의 도박사로 유명한 잭 도일이 뜻밖에도 몇 해 만에 말을 걸어왔다. 깜짝 놀란 사라젠은 그의 턱수염에 키스를 퍼부어 주고 싶을 정도로 기뻤다. 그 사나이는 좀처럼 사람 앞에 나타나지 않는데, 어쩌다 그가 말을 걸어오면 게임에 진 적이 없는 것이다.

마지막 날 게임이 시작되면서부터 갑자기 사라젠은 숨이 막힐 것 같았다. 왜 그런가 하고 주위를 살펴보다 생각난 것이 바크로드에서 있었던 시합이었다. 그때에도 2명의 경관이 경호를 위해 그의 곁에 붙어 다녔다. 그 때문에 그는 무너지고 말았던 것이다. 지금 그를 불안하게 만들고 있는 것도 그때와 같은 2명의 경호 경찰이다. 그는 경관들에게 말했다.

"미안하지만 멀리 떨어져 있어주시오. 나는 근처에 경관이 있으면 영락없이 혹이 나오는 징크스가 있다오."

경관이 떠난 다음에 맞은 9번의 숏 홀에서 7번 아이언으로 친 볼이 홀컵에서 12피트나 멀리 떨어졌다. 그러나 그것을 그는 원 퍼트로 컵에 넣었다.

"경관이 떠나자마자 내 럭키 넘버인 2가 돌아왔다."

막판에 이르러서는 세 선수가 혼전을 벌였다. 마지막 홀에서 사라젠의 제2타는 벙커 속에 들어갔다. 그는 샌드웨지를 골프백에서 꺼내 들면서 미신을 향해 빌었다. "제발 내가 볼을 치기 전에 아무라도 좋으니 나에게 말을 걸어다오."

모두가 숨죽여가며 지켜보고 있는데 소리를 낼 사람이 있을 턱이 없었다. 그런데 한 카메라맨이 벙커 속을 들여다보며 말했다.

"지금 갤러리가 이동 중이니까 잠시 치지 말고 기다리는 게 좋겠습니다."

이 말을 듣자마자 승리를 확신한 사라젠이 쳐 올린 볼은 곧바로 홀컵 속에 들어갔다.

그는 1935년의 마스터스 대회에서도 마지막 날 15번의 롱 홀에서 제2타가 곧바로 홀컵에 들어가는 '알바트로스'를 했다.

"그때에도 나는 2타 차로 우승을 했다. 그러니까 여러분도 자기 미신을 소중히 여겨야 한다. 미신에는 논리의 추적을 불허하는 파워가 숨겨져 있는 것이다."

이것이 그가 90세 때 남긴 말이다.

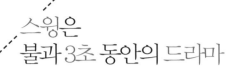

스윙은
불과 3초 동안의 드라마

"나는 치기 전에 실패를 생각하지 않는다. 티끌만치라도 패배를 생각한다면 뇌 속에 실패의 설계도가 자리 잡게 된다. 결과적으로는 그 설계도대로의 건물이 완성되는 것이다." —미키 라이트

1935년생인 미키 라이트는 천재 소녀였다. 고등학교에 들어갈 때부터 좀 뒤늦게 골프를 배우기 시작했는데도 한 달 후에는 100타를 깨고, 2년 후에는 70타를 칠 수 있게 되었다. 그녀의 골프 선생은 그녀에게 늘 이렇게 일렀다.

"이것저것 잡생각을 해서는 안 된다. 스윙은 끊이지 않고 부드럽게 휘두르는 불과 3초 동안의 드라마다. 너무 생각에 젖으면 클럽 휘

두르는 동작이 무디어진다."

그녀는 1956년 가을부터 우승을 하기 시작하고 1958년에는 US여자오픈과 여자 프로 선수권 대회에서 우승했다. 1965년에 손목을 다쳐서 골프를 칠 수 없게 되자 프로 생활을 중단하고 다시 대학에 돌아가서 경제학 학위를 땄다.

그런 다음 골프에 복귀한 그녀는 1961년부터 4년 연속 상금 왕 자리를 지키고 통산 투어 82승을 한다. 그리고 아직까지도 아무도 깨지 못한 18홀의 베스트 스코어 62타의 기록을 세우고, 4주 연속 우승, 연간 18승 등 놀라운 기록을 세우기도 했다.

미키 라이트는 신장 175센티미터로 체격이 남자를 뺨칠 정도의 소녀였다. 유명한 변호사인 아버지를 따라다니면서 골프의 재미에 빠져들어, 골프를 배우기 시작한 지 1개월 만에 100타를 깼다.

"골프를 잘 치려면 자신감을 갖는 게 중요하다. 이 샷이라면 잘 칠 수 있다고 마음먹는 것이다. 불안이 클수록 미스하는 확률도 높아진다. 그것이 골프 게임의 무서운 점이다. 나도 불안의 도가 지나칠 때가 있다. 그런 때에는 견디다 못해 코스에서 도망쳐나가고 싶어진다."

PGA투어 통산 82승을 자랑하는 샘 스니드의 말이다.

1964년의 브리티시오픈 예선전에 출장한 마이크 가나시는 1번 티샷에서 볼의 30센티미터 뒤땅을 헛치고 헤드가 부러져서 공중으로 날아갔다. 간신히 페어웨이에 나와서 3번 우드를 힘껏 휘둘렀는데 이번에도 헛스윙이었다. 그는 미국 중서부 지방의 선수권 우승자이면서도 브리티시오픈의 중압감을 이기지 못했으며, 1번 홀에서의 스코어가 15타나 되어 어이없이 예선에서 탈락하고 만 것이다.

첫 홀에서 드라이버가 헛스윙하는 것은 월터 하겐, 빌리 캐스퍼와 같은 초일류 선수들도 경험하고 있다. 1번 홀 이외의 홀에서는 니클라우스, 파머 등도 몇 번인가 헛친 경험을 가지고 있다. 그러니까 우리 같은 더퍼들이 드라이버를 헛친다 해도 크게 부끄러워할 일이 아니다. 영국의 골프 잡지의 조사로는 프로 골퍼들의 가장 큰 불안과 고민거리 중의 으뜸은 슬라이스, 두 번째가 뒤땅 치는 것, 그리고 세 번째가 헛스윙이라고 한다.

사라젠이 1927년 US오픈에서 단 한 번의 미스 샷으로 우승을 놓치자 아버지가 이렇게 그를 위로했다.

"지나간 것은 어떤 것이든 모두 최선의 결과였다고 생각해라. 이게 중요하다. 항상 이기란 법은 없단다."

자신감을 잃지 않게 만드는 더 쉬운 방법이 하나 있다. 그것은 나만 못한 사람을 찾아서 골프를 치라는 것이다. 나보다 골프를 못 치는 사람이 어디 있겠느냐 하겠지만 세상은 넓다. 혹시 그런 골퍼를 못 찾는다 해도 절대로 나보다 월등하게 핸디가 낮은 사람하고는 함께 라운딩하지 않는 게 좋다. 열등감만 심어놓을 뿐 조금도 득될 게 없기 때문이다.

135야드 파3 홀에서 캐디가 상대방에게 말없이 7번 아이언을 주고 그도 아무 말 없이 그것을 받아 들고 멋지게 온 시킨다고 하자. 그

런데 나는 우드 3번을 잡는다. 그런 때의 무안함과 열등감이 얼마나
깊은 상처를 안겨주겠는지 한번 상상만이라도 해보라.

몸과 마음의
긴장을 푸는 비결

1957년의 마스터스 대회 마지막 날이었다. 8번 홀에서 이날 세 번째의 버디를 한 다그 포드가 9번으로 걸어가면서 샘 스니드에게 말했다.

"오늘은 기분이 참 좋군. 쿠루드 하몬에게 배운 비결 덕분이네."

하몬은 1948년의 마스터스 대회에서 우승한 클럽 프로다.

"하몬의 비결이라고? 그거 금시초문인데."

다그가 스니드의 귀 가까이에 입을 대면서 말했다.

"아침에 잠에서 깨어나자마자 섹스를 하고, 그다음에 뜨거운 물로 샤워를 한다. 그러면 기분이 경쾌해지고 정신적 압박에 지지 않는 사람으로 변신한다는 것이네."

"자넨 그걸 오늘 아침에 실행했다는 것인가?"

"그럼, 물론이지."

다그는 18번에서는 벙커에 들어간 볼을 직접 홀컵에 집어넣어 66타 기록으로 스니드를 3타 차로 물리치고 메이저 대회 첫 승리를 해냈다.

스니드는 나중에 "그 녀석은 그저 운이 좋았을 뿐이지, 하몬의 비결을 따른 덕분이 아니다"라고 평했다. 평소에 규칙적인 생활을 해오던 스니드가 믿고 있던 성공의 비결은 이와 정반대였다. 그가 지키는 비결은 다음과 같다.

첫째, 수영을 해서는 안 된다. 둘째로 엎드려뻗치는 자세는 안 된다. 왜냐하면 수영과 엎드려뻗쳐 자세는 스윙에 방해가 되는 근육이 붙게 되고, 또 근육 피로가 남기 때문에 안 된다는 것이다. 세 번째로는 수요일부터 일요일까지는 섹스를 해서는 안 된다. 그에 의하면 스윙 파워는 다리와 허리에서 나오는 것이니만큼 게임을 시작하는 수요일부터 게임이 끝나는 일요일까지는 섹스로 근육을 소모시켜서는 안 된다는 것이었다.

다만 여기에는 찬반 의견이 엇갈리고 있다. 찬성하는 사람의 주장은 이렇다. 경기를 앞둔 날 밤에는 누구나 긴장감으로 잠을 설치기 쉽다. 그렇다고 안정제나 수면제를 먹으면 다음 날 부작용에 시달리기 쉽다. 한편 섹스는 수면제의 대용이 될 수 있으니까 좋다는 것이다. 프레드 마크로스키도 이렇게 말했다.

"생각 좀 해보게. 리듬, 템포, 집중력, 이것들은 스타트에 앞서 워

밍업을 하는 데는 최고 아닌가."

대부분의 프로 골퍼들은 그 반대파에 속한다. 하루 평균 5~6시간이나 코스를 돌고, 특히 정신적 압박이 가중되는 3일째와 최종일에는 마지막 3홀을 걷는 것도 힘들 정도로 지치게 된다. 그러니까 다리에 부담을 주는 일은 하지 말아야 한다는 것이다. 다만 여기에는 개인차라는 게 있다. 또 섭생을 강조한 샘 스니드도 아마추어 때는 다르다고 꼬리를 붙이고 있었다.

그에 의하면 스코어가 무너지기 쉬운 골퍼에게는 다음과 같은 세 가지 타입이 있다. 첫째는 한번 미스를 하고 나면 그것을 다음 샷에서 만회하려고 무리하게 플레이하는 사람이다. 가령 제1타가 숲 속으로 날아갔다고 하자. 그러면 나무 사이의 틈이 좁은데도 요행을 바라고 그 사이를 뚫고 그린을 향해 볼을 친다. 또는 러프가 깊은데도 무리수인 줄 알면서 멀리 볼을 날리려고 우드를 쓰는 타입이다.

두 번째로는 자기 실력은 생각하지 않고 무턱대고 그 홀의 파에 도전하는 타입이다. 가령 파4로 되어 있는 홀이란 스크래치 플레이어를 기준으로 한 표준치다. 그런데도 그는 그렇게 생각하지 않는다. 핸디 18타의 사람이라면 파5, 핸디가 36타라면 파6을 뜻한다. 그러니까 3타로 온 시키면 대성공이다. 그런 것을 자기 분수도 가리지 않고 싱글 플레이어들처럼 2타로 온 시키려 한다.

세 번째 타입은 자기 자신이 믿기지 않을 정도로 좋은 스코어가 나왔다면, 자기가 그렇게 잘할 수는 없는 만큼 틀림없이 앞으로 어디에

선가 무너지고 말 것이라고 불길한 예상도를 머릿속에 그린다.

다음은 긴장을 푸는 여러 가지 방법에 대해 알아보자.

1. 일찍 골프장에 가서 몸과 마음의 긴장을 풀 수 있는 시간적 여유를 갖는다.
2. 모든 걱정거리는 차에 놓고 간다.
3. 시계를 놓고 간다. 휴대폰을 끈다.
4. 처음 치는 사람과 같은 기분으로 공을 쳐라.
5. 마지막으로 친다는 기분으로 공을 쳐라.
6. 변화를 주기 위해, 카트만 타지 말고 이따금 걸어라.
7. 자연미를 감상하라.
8. 잘 쳐야겠다고 생각하지 말고 즐긴다는 생각으로 쳐라.

긴장은 처칠과 같은 거인도 괴롭혔다. 그는 《수상록》에서 이렇게 실토하기도 했다.

"마시 브라시라는 동요 시인의 노래를 입안에 흥얼거리면서 볼을 친다. 이것은 바든 경이 권한 특효약인데 내게는 별로 효과가 없었다."

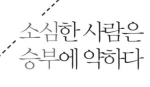

소심한 사람은
승부에 약하다

캐디 출신의 마이크 브래디는 18세에 프로가 된 다음부터 헤아릴 수 없이 많은 경기에 나갔지만 이상하게도 단 한 번도 우승을 하지 못했다. 비거리며, 아이언이며, 퍼팅이며 나무랄 데 없는 선수였는데 운 탓만 할 수도 없었다.

1911년 US오픈의 마지막 날에 1위와 같은 307스트로크가 되어 다음 날 플레이오프를 갖게 되었다. 그러나 그에게는 어쩔 수 없는 고질병이 있었다.

"게임 전날 밤이 되면 으레 잠을 설치게 된다. 그래서 곤드레가 되도록 술을 마시면 다음 날 시합에 지장이 있기 때문에 그냥 멀뚱멀뚱 뜬눈으로 초조하게 날이 밝기만을 기다린다. 내가 생각해도 신경과

민이지만 이것만은 어쩔 도리가 없다."

어느 날 그는 이렇게 월터 하겐에게 자기 고민을 털어놓았다. 하겐은 다음과 같이 충고했다.

"억지로 자려고 할 필요 없다. 어차피 상대편도 잠을 설치고 있을 테니 피장파장이다. 그냥 옆으로 누워서 몸을 편하게 하고 있으면 된다."

드디어 플레이오프의 아침이 왔다. 그런데 마이크의 플레이에는 안정감이 없었다.

"나에게는 못된 버릇이 있다. 미처 치기도 전에 미스 샷을 하면 어쩌나 걱정을 하게 된다. 실패를 하면 그때 가서 생각하면 된다고들 충고하지만 워낙 소심한 탓인지 그만 팔이 오그라지고 마는 것이다."

결국 그는 이날도 82타나 치고 우승을 못 했다. 다음 해의 US오픈에서도 2위와 4타 차를 두고 선두를 달렸는데 마지막 날에 80타나 쳐서 3위로 밀려나고 말았다. 1915년의 오픈에서는 2위와 1타 차로 최종일을 맞았지만, 이날도 80타나 쳐서 8위로 떨어지고 말았다.

1919년의 US오픈 때에는 제3라운드를 5타 차로 리드하며 1위를 지켰다. 신문들은 마이크의 '너무나도 길었던 겨울'이 드디어 끝이 나는가 보다고 보도했다. 그러나 마지막 라운드에 다시 80타를 치는 바람에 75타를 친 월터 하겐과 동타가 되었다. 다음 날 플레이오프에서는 단 한 타의 차로 하겐에게 우승을 빼앗겼다.

그 후로 아무리 애써도 우승 문전에서 우승을 놓치게 되는 납득하기 어려운 현상을 '마이크 브래디 현상'이라 부르게 되었다. 만년에 브래디는 한 골프 잡지 기자에게 이렇게 술회했다.

"기술이란 그렇게 크게 변하는 게 아니다. 이기지 못하는 인간에게는 '심리적 고장'이란 게 있다. 그것은 혹은 '성공 거부증'이라고 할까. 잘하려고 하는 마음이 강할수록 자기는 잘 해내지 못할지도 모른다는 불안감도 더 커진다.

최근에 와서 나는 한 가지 해답을 얻은 것 같다. 그것은 클럽 페이스를 목표에 맞춘 다음에는 아무 생각도 하지 말아야 한다는 것이다. 볼과 마주하는 순간부터는 뇌는 방해만 될 뿐이다. 그다음에는 몸을 마음 편히 회전시키고 끙끙 앓지 말아야 한다는 것이다."

말은 쉽지만 이것처럼 어려운 것은 없다. 스코틀랜드의 오랜 속담에도 다음과 같은 게 있다.

"지나치게 세심한 사람은 승부에 약하다."

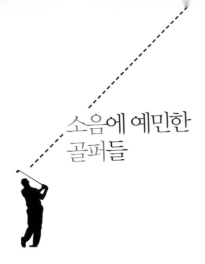

소음에 예민한
골퍼들

빌 챈들러 박사는 뉴욕의 유명한 정신과 의사다. 그를 찾아오는 노이로제 환자에게 그는 이렇게 묻는다고 한다.

"당신은 골프를 칩니까?"

환자가 그렇다고 대답하면 "당장에 골프를 그만두세요"라고 말하고, 안 친다고 대답하면 "지금부터 당장 골프를 시작하세요"라고 권한다고 한다.

중요한 골프 대회를 방송하는 중계 장면을 보면 티잉 그라운드나 퍼팅 장면에서는 관계자가 '조용히'라고 적힌 팻말을 들고 서 있다. 그래도 소음을 완전히 막지는 못한다. 만약 소음이 발생한다면 어드레스 자세로 있던 선수가 소음이 난 쪽을 노려보면서 굽혔던 허리를 펴고 일어선다. 이처럼 소음에 예민한 골퍼도 있고 무관심한 골퍼도 있다.

한 여성 팬이 레이먼드 프로이드가 샷을 하려는 순간을 찍으려 했다. 그 셔터 소리 때문에 볼은 빗맞아서 그린 앞의 벙커에 떨어졌다. 그러자 프로이드는 그 여성 팬에게 다가가서 나직한 소리로 말했다.

"또 한 번 그러면 아이언 샷을 한 방 올리겠소."

빌리 캐스퍼도 완전한 카메라 노이로제 환자다. 그는 세상의 모든 카메라맨이 하룻밤 새 전멸하면 좋겠다고 말한 적도 있다. 그는 자기가 미스 샷을 할 때마다 으레 카메라 셔터 소리 탓으로 돌렸다.

호세 올라사발이 어느 경기 중에 퍼팅을 하려는 순간 그린 주위에서 관람하고 있던 한 남자가 재채기를 했다. 호세는 어드레스를 하다 멈추고 "방해하지 말아요"라고 퉁명스레 말했다. 나중에 이 얘기를 듣고 그의 선배인 리카르도 포도가 호세를 세게 나무랐다.

"너는 건방진 애송이다. 일부러 재채기를 하는 사람이 어디 있느냐? 왜 그때 '몸조심하세요'라고 말하며 웃어넘기지 못했는가?"

그러나 이렇게 신경에 거슬리는 일에 마음이 흔들리지 않는 골퍼는 드물다.

이들과 대조적으로 소음을 웃음으로 받아들이는 골퍼도 있다. 치치 로드리게스가 그렇다. 1979년의 한 대회에서 볼을 치는 순간 갤러리 중의 한 사람이 요란하게 방귀 소리를 냈다. 모두가 폭소를 터뜨리는 가운데 볼은 핀 1미터 가까이에 떨어졌다. 치치는 모자를 벗어 들고 그 갤러리를 향해 큰절을 하며 말했다.

"클럽이 짧지 않았나 하고 걱정했는데 당신의 바람 덕이 컸습니다. 고마워요."

이렇게 낙천적인 그도 스트레스를 견디기 어려워할 때가 있다. 마스터스 대회 첫날에 치치 로드리게스도 긴장한 끝에 골프가 제대로 되지 않을 것 같았다. 생각다 못해 마침 동행한 의사에게 도움을 청했다.

"큰일 났습니다. 마음이 꽁꽁 얼어붙어서 티오프도 힘들 것 같아요. 좀 긴장을 풀고 스윙을 할 수 있도록 신경안정제를 처방해줄 수 없겠습니까?"

로드리게스는 의사가 준 약을 먹었다. 효과가 있었는지 다음번 홀에서 멋진 드라이버 샷을 페어웨이 한가운데 날렸다. 의사는 로드리게스가 어떻게 첫날을 끝내는지 걱정이 되어 18번 홀에서 기다리고 있었다. 로드리게스는 마지막 퍼팅을 끝내고는 팬들에게 둘러싸여서 사인을 해준 다음 의사를 발견하고 달려와서 말했다.

"선생, 그 약은 참으로 기막히게 효과가 있군요. 84타를 치면서도 이렇게 행복한 기분으로 있을 수 있는 것은 이게 처음이라오!"

여러 해 전에 일본의 한 대학 조사팀이 일본과 미국의 여성 아나운서 목소리를 비교해본 적이 있다. 그랬더니 일본 여성 아나운서의 목소리가 미국 여성보다 훨씬 크다는 결과가 나타났다. 소리 높이도 미국의 경우는 206헤르츠까지였지만, 일본은 270헤르츠나 됐다.

그런 일본의 여성 아나운서 목소리도 한국 여성 아나운서보다는 훨씬 부드럽고 음성이 낮다. 받침이 적은 일본 말의 특성과 강한 발음이 많은 우리말과의 차이를 반영한다고 할 수도 있다. 김치를 애용하는 우리와 단무지를 먹는 일본의 차이에서 나온다는 상징적인 풀이도 있다.

그러나 보다 근본적인 이유는 다른 데 있는 것 같다. 일본의 텔레비전에서 방영하는 홈드라마에는 큰 소리가 나오는 일이 거의 없다. 어느 경우에는 전혀 말 없이 효과 음악만으로 장면이 전개되는 경우도 많다. 우리나라의 안방극장에서는 온통 큰 소리들이다. 엄마가 아들에게 큰 소리로 야단을 치고, 딸이 마치 악쓰듯 엄마에게 대들기가 예사다. 사랑하는 연인들 사이에서도 부드러운 말만 오가지는 않는다. 흡사 싸우듯 말할 때도 많다. 드라마 효과를 살리기 위해 과장한다고만 볼 수도 없다.

음식점이나 커피숍에서도 우리는 마치 목청 높이기 시합이라도 하듯이 언성들을 높인다. 소음에 마비돼 있는 탓일까 아니면 생활이며 의식구조가 그만큼 거칠어진 때문일까. 예전에는 호떡집에 불났다고 할 만한 소음도 이제는 아무렇지 않게 여긴다.

옛날에는 초가삼간에 2대가 함께 살면서도 별로 큰 소리 없이 살았다. 그러던 우리가 요새는 나이 불문, 집 안팎 가리지 않고 서로 목청을 한껏 돋우며 살아간다. 젊은 세대는 '작다'는 것도 '짝다'로 일부러 된발음을 한다. 그만큼 우리가 독해진 것일까?

한국에서는 야외의 해방감 때문인지 골퍼들의 음성도 높아진다. 그게 얼마나 매너 위반인지를 깨닫지도 못하고 있다.

"플레이 중에는 클럽하우스 안팎을 막론하고 절대로 큰 소리를 내서는 안 됩니다. 교양 있는 여성은 교성을 지르지 않는 법입니다. 클럽하우스에서는 옆 테이블에 들릴까 말까 할 정도의 조용한 음성으로 대화를 합니다. 이것은 레스토랑에서도 마찬가지입니다."

이렇게 헬렌 맥도걸은 《매너 북》에서 '매력적인 여성 골퍼를 위해'라는 제목의 글에 담고 있다.

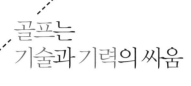

골프는
기술과 기력의 싸움

"골프가 샷의 게임이라고 생각하는 것은 잘못이다. 골프 게임의 주역
은 두뇌와 심장이다." —D. B. 왓슨

한 달에 한두 번 골프를 치는 주말 골퍼들은 흥분으로 밤잠을 설친
다. 그것은 수학여행이나 운동회 또는 소풍 가기 전날 밤 어린이들의
들뜬 기분과 비슷하다. 일반인이 봤을 때 그들은 정상적으로 생각하
고 행동할 수 있는 사람이 아니다. 따라서 정상인처럼 그들을 봐서는
안 된다. 그들은 그저 이번만큼은 꼭 90타를 깨보겠다는 허망한 희망
에 매달리고 있는 어설픈 골프광에 지나지 않는다.

마침내 1번 홀의 티잉 그라운드에 올라서서 드라이버를 손에 쥐고 어드레스에 들어간다. 갑자기 머릿속이 텅 빈다. 맥박이 빨라진다. 흥분과 불안과 긴장과 공포가 뒤범벅이 된다. 팔에 힘을 빼라고 수없이 들어오던 경고도 까마득히 잊는다.

특히 백스윙한 드라이버가 머리 위로 올라가는 순간의 긴장은 절정에 이른다. 이때의 1초 동안을 흔히 '마의 시간'이라고 한다. 물론 프로와 아마의 차이가 있고 개인차도 있을 수 있으며 긴장의 배합 비율도 다르다. 한 가지 분명한 것은 긴장을 어떻게 받아들일 수 있느냐에 따라 골프가 달라진다는 사실이다.

긴장과 스트레스는 다르다. 긴장은 잘 살리면 골퍼에게 플러스가 된다. 긴장해야 집중력도 발휘된다. '제왕'이라는 소리까지 듣던 잭 니클라우스가 어느 날 가까운 사람에게 이렇게 실토했다.

"최근 들어 긴장감을 느끼지 못하게 됐다. 이것은 내가 하향 길에 들어섰다는 증거다."

그런 지 얼마 후에 그는 레귤러 골퍼의 세계에서 물러나고 시니어 골퍼의 세계로 들어갔다.

"불안과 긴장이야말로 최고의 조미료다."

이렇게 벤 호건은 말했지만 경기의 중압감이 얼마나 크고 고통스러운지는 상상도 하기 어렵다.

진 사라젠은 미국의 골프 역사상 가장 뛰어난 선수 중의 한 사람으로 꼽힌다. 1923년에 그는 월터 하겐과 세계선수권을 놓고 맞대결을 하게 되었다. 마지막 날을 앞두고 그는 밤중에 심한 복통을 앓았다.

다음 날 그는 아픔을 참고 간신히 경기를 끝냈다. 그는 우승컵을 손에 쥔 지 4시간 후에 병원에 실려 가서 맹장 수술을 받았다. 그는 나중에 이렇게 술회했다.

"아픈 맹장을 도려내는 것보다 5피트짜리 마지막 퍼팅을 할 때가 더 고통스러웠다."

골프 경기는 기술의 싸움인 동시에 기력의 싸움이기도 한 것이다. 우승이 걸린 마지막 날 마지막 홀의 마지막 퍼팅은 긴장과 흥분의 절정이다. 지난 1994년에 그렉 노먼은 PGA 골프 대회에서 마지막 순간에 1미터짜리 퍼팅을 실수하여 우승을 놓쳤다. 그처럼 뛰어난 골퍼도 긴장을 이겨내지 못할 때가 있는 것이다.

바로 그다음 해에 고우순이 미국 LPGA 투어의 하나인 도레이 재팬퀸스 대회에서 우승을 했다. 그녀는 미국 투어 상금 랭킹 1위인 로라 데이비스, 낸시 로페즈 등과 마지막 홀까지 경합하고, 다시 연장전에서 베시 킹을 이겼다. 마지막 퍼팅 때 고우순의 가슴이 얼마나 뛰고 손은 또 얼마나 떨렸을지 짐작하고도 남음이 있다. 그녀가 이긴 것은 기술이 베시 킹보다 뛰어났기 때문이 아니다. 백전노장 베시와의 기력 싸움에서 이긴 때문이다.

3장

골프
처세학

"골프로부터 나는 많은 것을 배웠습니다. 인생을 꾸려나가는 방법, 나의 성격의 결점, 친구를 가려내는 방법, 자연에 대한 경외의 마음, 그리고 무엇보다도 골프와 더불어 걸어가는 인생의 기막힌 맛들을 배웠습니다." —칙 에반스

"인생에는 없어서는 안 되는 게 세 가지 있다. 그것은 바로 식사와 수면과 골프다." —아서 발포어

"중환자냐 경환자냐 하는 차이는 있지만 골프를 하는 사람은 모두 병자다." —치치 로드리게스

골퍼의
거짓말

프로 선수의 속임수들은 비록 위법은 아니라 해도 매우 교묘하고 고약한 것들이 많다.

로니 쉐이드는 영국의 아마 골프계에서 매치 플레이의 천재라는 소리를 들었다. 공식 경기에서 44연승한 그가 1964년 결승 18홀에서 제2타로 마치 그린을 노리는 듯이 페어웨이 우드를 휘두르며 스윙 연습을 하였다. 그것을 본 상대방은 5번 아이언을 꺼내 치려다 말고 투 온을 노리고 3번 우드를 꺼내 쳤다. 그것은 보기 좋게 그린 앞의 강물에 빠졌다. 그러자 로니는 처음부터 쓰려던 7번 아이언으로 바꿔 들고 강 앞에까지 날리며 안전하게 파를 했다. 상대방은 로니의 꾀에 넘어간 것이다. 그는 나중에 이렇게 말했다.

"어느 선수는 캐디와 짜고 클럽의 번수를 하나씩 속이고 있다. 선수가 5번이라고 말하면 캐디는 4번을 꺼내 준다. 어느 때에는 거꾸로 선수가 5번이라고 말했을 때 6번을 주기도 한다. 그것을 듣고 상대방 선수는 둘이 짜고 그러는 줄 깨닫지 못하고 오버하거나 쇼트하여 거리가 엉망이 된다.

이런 경우 연극을 한 선수보다도 남이 무슨 클럽을 쓰는지를 엿들으려고 한 선수 쪽에 잘못이 있다. 그렇지 않은가? 왜냐하면 골프에서는 클럽의 선택이 게임을 좌우한다. 그런 것을 남에게 의존한다는 것은 참으로 딱한 일이 아닌가? 그러니까 내가 한 것은 조금도 사기가 아니다."

밥 심프슨은 키가 158센티미터의 단신이다. 그는 모든 클럽의 샤프트를 2인치씩 길게 하고, 7번은 6번의 로프트로, 6번은 5번의 로프트로 변조했다.

"이것은 사기가 아니다. 내가 노리는 것은 반은 장난으로 상대방을 놀려주려는 것일 뿐. 덩치 큰 친구가 캐디에게 5번을 달라고 할 때, 내가 옆에서 나는 6번을 달라고 할 때의 쾌감이란!"

그의 심정을 나는 이해하고도 남는다.

속임수의 방법

1. 바지 호주머니에 구멍을 뚫어놓고 스페어 볼을 구멍 밖으로 떨어뜨린다.

2. 녹색으로 칠한 롱 티를 준비해서 러프 속에 몰래 놓고 친다.

3. 러프 속에 있는 볼을 발끝으로 슬쩍 올려놓는다.

4. 헛스윙에 대비한다. 연습 스윙하듯 진짜 스윙하고 진짜 스윙하듯 연습 스윙하면, 진짜 스윙할 때 헛치는 것을 마치 연습 스윙한 것처럼 속일 수 있다. 그러자면 서너 번 연습 스윙을 하는 척한다.

5. 그린에서 마커를 할 때 볼 앞에 마커를 놓고 나중에 마커 앞에 볼을 놓는다.

6. 핸디의 허위 신고

데이비스 러브는 미국의 프로 선수권 대회에서 13번이나 우승한 골프 선수다. 그가 어렸을 때 자기 아버지가 어떻게 거짓말을 하지 말라는 교훈을 주었는가를 다음과 같이 술회하였다.

"내가 12세 때였다. 온 가족이 저녁을 먹고 있는데 아버지가 내게 물었다.

"학교를 파한 다음에 골프를 어떻게 쳤느냐?"

"오늘은 36타를 쳤어요."

내 말을 듣자 아버지는 의아스러운 표정으로 나를 쳐다보더니 말했다

"36타라고? 이븐파를 했다고? 그거 참으로 대단하구나. 네가 지금까지 9홀을 이븐파로 돈 적이 없지 않았느냐?"

사실은 나는 8홀을 36타로 돈 것이었다. 내가 친 골프장의 8번 홀

은 우리 집에서 가까웠다. 그래서 9홀을 다 돌고 난 다음에 집으로 가기가 귀찮아서 그냥 9번 홀을 빼고 8홀만 치고 그냥 집으로 돌아온 것이었다.

"네가 36타로 돈 적은 오늘이 처음이지 않느냐?"

나는 아버지가 묻는 말에 거짓말을 한 자신이 부끄러웠다.

다음 날 아버지는 프로 숍에서(아버지는 그 골프장에서 골프 프로로 일하고 있었다) 사람들에게 내가 생전 처음으로 9홀을 36타로 돌았다고 자랑하기 시작했다. 나는 부끄러워서 더 이상 그 자리에 머물러 있을 수가 없었다.

아버지는 내 실력으로는 도저히 9홀을 36타로 돌지 못한다는 것을 너무나도 잘 알고 있었다. 물론 내가 거짓말을 했다는 것도 알고 있었다. 만약에 내가 정말로 9홀을 36타로 돌았다면 나는 기쁨에 헐떡거리면서 당장 집으로 달려와서 아버지에게 자랑했을 것이다. 그런 줄 빤히 알면서도 내가 36타로 돌았다고 자랑한 아버지의 마음이 어땠는지를 시간이 갈수록 뼈저리게 느끼게 되었다. 다른 아버지였다면 그런 때 아들을 대하는 태도는 달랐을 것이다.

"네가 정말로 36타로 돌았다는 거냐? 거짓말 작작 해라."

아마도 이렇게 아들을 비웃고 아들을 거짓말쟁이로 만들었을 것이다. 나는 그때 아버지로부터 받은 교훈의 덕분으로 절대로 속임수를 쓰거나 거짓말을 하지 않게 되었다."

윌슨 대통령의 골프 단짝 친구였던 《톰 소여의 모험》의 작가 마크 트웨인은 아예 스코어를 적지 않았다.

"이렇게 쾌적한 장소에 와서 즐겁게 골프 치면서 왜 불유쾌한 숫자를 생각해야 하는가? 스코어 카드는 골프의 적이다. 한번 스코어를 잊고 플레이를 해보라. 그러면 이 게임이 한층 더 즐거워질 테니까."

나는 한평생을 두고 그의 충고를 실천에 옮겨나갔다. 과연 그렇게 즐거울 수가 없었다. 즐겨 다니던 골프장에서 나는 언제나 보기 플레이어로 통했다.

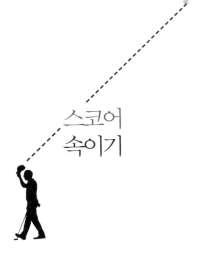

스코어
속이기

    사람들은 툭하면 스코어에 안달복달한다. 덴마크의 작가 로이즈 세티프에 의하면 그것처럼 골프정신에 위배되는 것은 없다.

    "대부분의 골퍼는 기본을 몸에 익히기도 전에 스코어에 신경을 쓴다. 이것은 걸음걸이를 배우기도 전에 달리려는 어리석은 행위다."

    진 사라젠의 말이다.

    "많은 사람이 이 게임의 참모습을 잃고 있다. 우리는 정신의 빈곤이 스코어 제일주의를 초래하고 있다는 사실을 외면해서는 안 된다. 요즘 사람들은 골프에 테크니컬 메리트^{기술점}만을 너무 좇고 있다. 그러나 피겨 스케이트와 마찬가지로 골프에도 아티스틱 포인트^{예술점}가 있다는 것을 골프의 영광스러운 역사가 여실히 증명해줄 것이다."

아무리 이렇게 타일러도 속임수를 쓰면서까지 스코어를 올리려는 사람들이 많다. 10여 년 전에 로스앤젤레스 교외에 대규모 개발 사업을 추진 중이던 부동산회사 사장이 시 주최 자선 골프에 참가하고는 두 번이나 보기를 파라고 거짓 신고했다. 게임이 끝난 후에 동반한 기자들에게 지적당하자 사장은 "그만 깜박해서……"라며 궁색하게 변명했다.

그러나 이 소문이 퍼진 지 수주일 후에 돌연 거래 은행으로부터 융자 중단 통고를 받았다. 이 때문에 회사는 도산하고 그는 행방을 감추었다. 이를 두고 버나드 다윈은 "게임의 본질이 무엇인지를 모르고 그저 좋은 스코어만을 찾는 어리석은 치기다"라고 결론지었다.

달콤한 목소리로 인기를 끌었던 가수 팻 분이 어느 친선 대회에서 축사를 했다.

"나도 빨리 시작하고 싶어 좀이 쑤셔 죽을 지경입니다. 지난해 가을에 나는 기막힌 발견을 했습니다. 이것을 쓰면 어느 라운드에서나 10타 정도는 스코어가 좋아집니다. 그 신무기란(여기서 주위를 돌아본 다음에 나직한 목소리로) 그건 지우개입니다."

조사에 의하면 골퍼들이 가장 잘 저지르는 죄악 중의 으뜸은 자기가 결딴낸 라인의 뒷손질을 하지 않는 것이었다. 두 번째로 많은 것은 그린 위에 올라간 자기 볼의 마크를 슬쩍 홀컵에 가깝게 놓는 것이었다.

세 번째로 흔한 게 스코어 카드에 과소신고하는 것이었다. 사실은 이게 가장 형량이 크다고 할 수 있다. 그런데도 팻 분이 지우개를 예로 들어 농담을 할 정도로 죄책감을 별로 느끼지 않는다. 그만큼 스코어를 속이는 골퍼가 미국에도 흔하기 때문일 것이다.

클럽하우스에 돌아오면서 한 친구가 말했다.

"저놈은 참으로 더러운 놈이다. 러프에서 볼을 잃어버렸는데도 벌타를 가산하지도 않고 슬쩍 새 볼로 치더라."

"그 친구가 볼을 잃었는지 아닌지를 자네가 어떻게 알았나?"

"그 볼이 내 호주머니 속에 들어 있거든."

친구 사이인 김 회장과 이 사장이 골프를 치고 있었다. 김 회장이 깊은 숲 속에 들어간 볼을 간신히 페어웨이로 내놓았다. 이 사장이 김 회장에게 물었다.

"몇 개나 쳤나?"

"세 개."

"거짓말 말게. 볼을 치는 소리가 여섯 번이나 들렸는데."

"그중 세 번은 산울림이었네."

이것도 사실은 미국 유머. 이렇게 미국에서는 스코어를 속이는 농담이 흔하다.

골프에는 심판관이 따로 없다. 골프를 칠 때 사람이 따라다니며 일일이 감시하지는 않는다. 따라서 마음만 먹으면 얼마든지 속임수를 쓸 수가 있다. 그러니까 골프에서는 자기 자신이 심판관이 된다. 골프가 가장 신사적인 스포츠라고 하는 데는 이런 이유가 있다.

"골프에서는 플레이어 자신이 심판이며 모든 문제를 판결 내리고 처리하고 책임을 져야 한다."

이 말은 브리티시오픈의 챔피언이던 호라스 허친슨의 말이다.

겉으로는 착하고 성실해 보이던 사람도 골프장에서 보면 속과 겉이 딴판이라는 것을 알 수 있게 된다. 딱한 것은 남들이 자기를 어떻게 생각하는지 미처 깨닫지 못하고 있다는 사실이다.

"골프에서 정직하면서 인생에서는 거짓말을 하는 사람은 드물지만, 골프에서 속임수를 쓰는 사람은 모두 인생에서도 속임수를 쓴다."

아마도 이것이 부정할 수 없는 진실일 것이다.

골퍼들이 어이없이 무너지는 이유

1977년 브리티시오픈에서 마크 헤이스는 신통하게 퍼팅이 잘되어 63타라는 코스 기록을 세웠다. 다음 날 신문은 그를 두고 '퍼트의 마술사'라는 수식어까지 붙였다. 그것을 보고 기분이 우쭐해진 그는 "여기 그린은 아주 쉽다. 그런데 다른 선수들은 어찌 된 영문인지 모르겠다"고 입빠른 소리를 했다.

그런 그가 2년 후 크로스비 토너먼트에 출장했을 때였다. 여전히 퍼팅에 기막힌 솜씨를 보인 그가 마지막 4홀을 남기고 3타를 리드하자, 당연히 그가 우승할 것으로 예상하고 우승 기사를 쓰기 시작한 신문기자도 있었다.

그는 15번 홀에서 핀에서 2미터 거리에 온 그린시켰다. 그에게는 누워서 떡 먹기 정도로 쉬운 퍼팅 거리였다. 그런데 볼은 1미터 이상이나 오버하고 말았다. 다시 친 볼도 컵을 스쳐 지나갔다. 결국 4퍼트로 끝났다. 운명의 여신의 보복이었나?

그의 엄청난 실수는 이게 마지막이 아니었다. 1982년의 마스터스 대회에서는 18번 그린에서 내리막길 퍼팅을 한 게 12미터나 굴러내려 그린 밖으로 나갔다. 결국 그는 4퍼트로 간신히 볼을 컵 안에 넣었다. 그는 하늘을 향해 다음과 같이 중얼거렸다.

"난 당신을 원망하지는 않으렵니다."

그는 훗날 이런 말을 했다.

"골프의 여신은 농담을 좋아하고 짓궂다."

어쩌다 드라이버 샷이 기막히게 잘 맞는 때가 있다. 그럴 경우 대부분의 골퍼들이 세컨드 샷도 멋지게 쳐서 투 온 시켜보겠다는 욕심을 내지만 욕심이 넘쳐서 어깨와 팔에 힘이 너무 들어가 어이없는 실수를 저지르고 만다.

이런 경험은 골프장 안에서만 있는 게 아니다. 어쩌다 자기가 생각했던 이상으로 일이 잘되는 경우가 있다. 그것은 능력이나 노력 때문에서만이 아니라 운이 따르기 때문일 수도 있다.

그러나 그런 운은 항상 있는 것도 아니며 오래가는 것도 아니다. 그런 줄도 모르고 우쭐하고 과욕을 낸다. 그리하여 조급함 때문에 급기야는 걷잡을 수 없는 실수를 저지르게 된다.

미국의 유명한 소설가 존 업다이크는 싱글 플레이어였다. 그가 이런 말을 한 적이 있다.

"내가 아는 한 골프를 단순한 오락이라고 여기는 사람치고 현명한 사람은 없다. 골프는 여러 가지 교훈을 주는 철학적인 게임이다."

내가 생각하기에도 골프는 인생의 교과서다. 자기 퍼팅이 잘될 때에는 물론 퍼팅을 잘하기 때문이라 생각한다. 그러나 상대방의 퍼팅이 잘될 때에는 퍼터가 좋기 때문이라고 여긴다. 만에 하나(그럴 리는 없겠지만) 내가 홀인원을 한다면 내가 잘 쳤기 때문이라고 여길 것이다. 그러나 남이 홀인원을 하면 순전히 운이 좋아서라고 여길 것이다.

자기 중심으로 생각하다 일을 망치는 경우는 비일비재하다. 어쩌다 파4짜리 홀에서 제3타로 그린에 올려놓고 긴 퍼트가 운 좋게 컵 안에 들어간다. 그리고 다음 홀에서도 보기를 한다. 그렇지만 그런 운은 오래가지 않는다. 다음 홀에서는 3퍼트에도 실패한다.

인생에서도 마찬가지다. 언제까지나 행운이 있는 것은 아니다. 그렇지만 불운도 언제까지나 이어지는 것도 아니다. 중요한 것은 얼마나 불운을 이겨낼 수 있느냐 하는 데 있다. 아무리 드라이버 샷을 잘해도 퍼팅을 잘못하면 스코어가 무너진다. 반대로 드라이버 샷을 잘못해도 퍼팅을 잘하면 원상복구가 된다. 잘나가던 인생이 어이없이 무너지는 경우가 많다. 그 이유는 잘나가던 골프를 어이없이 무너지게 만드는 이유들과 같다.

자기가 운을 타고 있다고 믿고 과욕을 부리다 실수를 하는 게 그중 하나다. 그러고는 실수를 만회하려고 자기 능력의 한계를 무시한 채

무리하게 된다. 예를 들면 파4는 핸디 0의 사람을 기준으로 한 것이다. 그런 것을 보기 플레이어가 투 온 시키려다 물에 빠뜨리는 경우는 비일비재하다.

골프를 통해
인생을 배운다

"해가 어느새 저물어가고 있는가……."

영국이 자랑하는 세계적인 시인 테니슨의 시 가운데에 이렇게 시작하는 게 있다. 나는 이 구절이 황혼을 맞는 서글픈 심정을 표현한 줄로만 알고 있었다. 사실은 그게 아니었다. 그것은 해가 저물어 가는지도 모른 채 골프에 몰두하다 어둠이 내리기 시작한 골프장을 아쉬운 마음을 남기고 떠나는 시인의 애틋한 심정을 표현한 것이었다.

테니슨은 그에게 시를 배우려고 찾아온 조세프 몬트로즈에게 이런저런 구실을 붙여서 코스로 끌고 갈 만큼 골프를 즐겼다. 그러다 해가 떨어지고 어두워지기 시작하여 골프를 칠 수 없게 되자 '두어 홀, 30분만 더 치자'고 미련을 남기며 골프장을 떠나는 안타까운 심정을 나타낸 것이었다.

골프의 마력에는 남성만이 사로잡히는 게 아니다. 또 한가한 사람만이 하는 게 아니다. 런던의 교외에 있는 써닝데일 골프클럽의 기록실에 두꺼운 기록부가 5권 진열되어 있다. 그 두 번째 책 안에 추리소설 작가 아가사 크리스티의 친필로 된 '입회서약서'가 들어 있다. 정확히 말한다면 있다고 한다.

크리스티가 골프 코치를 따라 골프를 배우기 시작한 것은 18세 때부터였다. 그러다 승마에 더 열중하게 되고 결혼 후에는 잠시 골프를 멀리했다. 그랬다가 재혼한 남편이 골프를 좋아했기 때문에 다시 골프에 열중하게 되었다. 그녀는 이런 말을 남겼다.

"골프의 유머와 아이러니가 뒤섞인 게임이 내 인생을 매우 풍요롭게 만들어주었다. 나는 골프에 깊이 감사한다."

분명 골프에는 사람의 마음을 사로잡는 이루 말할 수 없는 마력이 있는가 보다. 한번 여기 빠져들면 헤어나지 못하고 만다.

"골프란 목적에 어울리지 않는 소박한 도구를 써서 공을 제 마음대로 컨트롤하려고 노력하는 눈물겨운 게임이다."

우드로 윌슨 대통령이 한 말이다. 그처럼 눈물겹도록 힘든 골프라면 안 하면 그만인 것이다. 그러나 윌슨 대통령은 아예 정무까지도 골프를 치면서 볼 때도 있을 만큼 골프의 마력을 즐겼다. 유명한 프로 골퍼 치치 로드리게스의 말대로 "중환자와 경환자의 차이는 있지만 골프를 하는 사람은 모두가 병자들이다".

"골프란 에드워드 시대의 영국 상류계급이 보여준 전형적인 자본주의자들의 미친 짓이다."

이렇게 버나드 쇼는 골프를 통렬히 비난했지만 그것은 틀림없이 그가 단 한 번도 골프 코스에 나가서 볼을 쳐본 적이 없기 때문이었을 것이다. 그와 동시대를 살았던 작가 우드하우스는 94세에 죽기 직전 다음과 같은 말을 남겼다.

"만약에 골프를 알지 못했다면 나의 인생이 얼마나 잿빛이었을지 생각만 해도 끔찍스럽다. 지금 내 인생을 뒤돌아본다면 나는 아무래도 골프를 즐기기 위해 태어난 것 같다."

골프 중독자의 증세는 여러 가지로 나타난다. 심한 환자는 자기가 골프 중독자라는 것을 전혀 깨닫지 못하는 게 아니라 그저 자기 병을 인정하고 싶지 않을 뿐이다. 그 좋은 예가 마크 트웨인이다.

"골프란 놈은 모처럼 산책의 흥을 깨게 만든다."

이렇게 골프를 욕하면서도 실제로는 소문난 골프 대회에는 빠짐없이 관전하러 갈 정도로 골프를 좋아했다. 그는 골프를 못 쳐서 싫어하는 척한 게 아니었다. 오히려 못 치기 때문에 더욱 골프를 좋아한 것 같다. 그것은 또 골프 중독자에게 공통적인 다음과 같은 증세 중의 하나이기도 하다.

곧 아침에 집에서 나올 때에는 오늘만큼은 꼭 90타를 깨겠다는 결의와 그럴 수 있을 것 같다는 기대, 그리고 틀림없이 90타를 깰 수 있다는 자신감에 부풀어 있다. 그리고 집으로 돌아오는 차 안에서는 다음번이야말로 잘만 하면 90타를 깰 수 있을지도 모른다는 가냘픈 희망을 안게 하는 것이다.

어떻게 생각하든 골프가 좋은 것은 골프를 통해 인생에 대한 지혜를 배울 수도 있기 때문이다. 그렇지만 너무 철학적으로 골프를 받아들일 필요는 없을 것이다. "이 세상에는 못하는 놈도 즐길 수 있는 게 두 가지 있다. 하나는 골프, 또 하나는 섹스다." 다름 아닌 치치 로드리게스의 말이다.

그렇지만 골프를 이렇게 가볍게 보기에는 너무나도 많은 것을 우리에게 가르쳐주고 있다. 인생의 도처에 함정이 깔려 있으며, 언제까지나 행운이 있는 것은 아니며 행복이 오면 불행이 올 수도 있다든가, 옆으로 크게 빗나간 볼이 바위에 맞아서 그린 위에 튀어오를 수도 있다든가. 어쩌다 잘 맞았다고 우쭐대다가 큰코다칠 수도 있다든가, 사람마다 제각기 다른 핸디캡을 가지고 있으며 자기 분수에 맞는 목표를 세워야 한다든가, 우연과 필연의 법칙이 골프나 인생에나 똑같이 적용된다든가, 복권 당첨과 같은 요행과 우연과 행운이 골퍼를 들뜨게 만든다든가 등등.

골프란 삶의 지혜의 보고일 수 있으며, 골프를 치는 재미란 땅속에 묻혀 있는 교훈을 하나씩 캐내는 데 있다고 할까.

"골퍼란 12킬로그램의 도구를 지고 몇 킬로미터나 되는 긴 길을 걸으면서도 집에서는 재떨이도 치우러 가지 않는 인종이다."

못 치지만
즐길 수는 있다

영국 작가 앨리스테어 쿠크에 의하면 제정신을 가지고 있는 사람은 골프를 치지 않는다. 제정신이 깃들어 있는 사람이라면 낚시를 하거나 꽃을 가꾸고 공장을 세운다. 대통령이 되겠다는 사람도 골프를 치는 사람보다는 온전한 정신의 소유자란다. 그래도 골프는 친구를 만들어준다는 장점이 있다는 것이다.

친구들이 나를 주말 골프에 끼워주는 진짜 이유는 사실은 나의 골프 솜씨가 엉망이라는 데 있었을 것이다.

사람들이란 다른 사람의 불행을 동정할 정도로는 마음이 너그러운 법이다. 그리고 자기보다 열등한 사람을 보면서 은근히 느끼는 우월감처럼 맛좋은 것도 드물 것이다. 그래서 나를 끼워준 게 틀림이 없다. 그래도 친구끼리는 아무리 상대방이 핀잔을 주어도 웃어넘길 수가 있다.

나에게 가장 열등감을 느끼게 만든 것은 드라이버 샷의 비거리였다. 볼이 숲 속 깊이 들어가든가 물속에 빠지는 것은 얼마든지 운으로 돌릴 수가 있다. 비거리만은 그렇지 않다. 파3짜리 숏 홀에서도 나는 으레 드라이버를 잡아야 했다. 그런데 대부분의 친구들은 7번 아이언을 꺼내면서 보란 듯이 캐디에게 한마디 던진다.

"이건 좀 길지 않을까?"

그럴 때의 모멸감은 당해본 사람이 아니면 모른다. 친구는 또 모처럼의 우월감을 최대한으로 누리기 위해 만면에 떠오르는 웃음을 억지로 참는 시늉을 한다.

나는 짧은 비거리를 늘 어설픈 스윙 때문이 아니라 드라이버 탓으로 돌리고 툭하면 드라이버를 바꿔나갔다. 언젠가 '새 무기'를 사 들고 나오자 캐디가 "골프채가 아까운데요"라며 노골적으로 핀잔을 주었다. 내가 이렇게 무안당한 것은 물론 처음이 아니다. 언젠가는 라운딩을 마치자 캐디가 낄낄 웃으면서 말했다.

"사인 하나 해주실래요?"

이런 말을 듣고 싫어할 사람은 없을 것이다. 혹은 팁이라도 더 받고 싶어서인지도 모른다는 생각이 슬쩍 스쳐 지나가기도 했다. 그러나 그녀의 다음 말은 나의 가슴을 여간 아프게 찌르는 게 아니었다.

"이 골프장의 제 손님 중에서 제일 못 치니까 그 기념으로 가지려고요."

언젠가 내가 읽어본 책 중에 이런 유머가 있었다. 한 골퍼가 캐디에게 물었다.

"나보다 못한 골퍼도 많이 봤겠지?"

캐디는 아무 대답이 없었다.

"내 말이 안 들리나? 나보다도 못한 골퍼를 본 적이 있을 게 아닌가?"

"네. 잘 들었어요. 그래서 지금 기억을 더듬어보면서 찾고 있는 중이랍니다."

이 농담은 꼭 나를 두고 한 것 같은 생각이 들어서, 똑같은 질문을 어느 단골 골프장에서 낯익은 캐디에게 한 적이 있다. 캐디는 거침없이 다음과 같이 대답하는 것이었다.

"없는데요."

나도 사람이다. 겉으론 제법 대범한 척하며 웃어넘기지만 속으로는 여간 부끄러운 게 아니다. 그래서 생각다 못해 김승학 씨에게 특별 개인지도를 받기로 한 것이었다. 이렇게 말하면 대단한 것 같지만 사실은 그와 함께 몇 번인가 필드에서 라운딩을 한 정도였다.

그때에는 그저 내 골프 솜씨가 구제불능이라 여겼기 때문이려니 하고만 생각했다. 아무리 드라이버를 휘둘러도 페어웨이 밖으로 볼이 나가는 일이 극히 드물었다. 워낙 비거리가 짧기 때문이기도 했다.

우리가 두세 번 라운딩을 한 다음이었다. 클럽하우스에서 커피를 마시면서 그는 농담 비슷이 빙그레 웃으면서 말하는 것이었다.

"선생님은 선천적으로 소질이 없으신가 봐요."

필드에서 레슨 라운딩을 서너 번 하고 난 다음에 김승학 씨가 이렇게 나에게 종합평가(?)를 내렸다. 그는 한국인으로서는 처음으로 해외에서 우승한 대표적인 프로 골퍼다. 그런 그가 내린 평가인지라 틀림이 없을 것이다.

천만다행으로 그는 "그러니까 골프를 치지 마세요"라고 말하지는 않았다. 그 대신 "골프를 잘 치지 못한다 해도 골프를 즐길 수 있으면 되지 않습니까"라는 뜻의 말을 덧붙였다. 혹은 내가 제법 잘 치는 골퍼가 될 가망이 전혀 없기 때문에 그냥 위로하는 뜻으로 그렇게 말한 것인지 언제 한번 물어봐야겠다고 마음을 먹은 적이 있지만 실행에 옮기지는 못하고 있다.

비거리 말고 또 하나 내게는 치명적인 결함이 있었다. 워터 해저드 너머에 바로 그린이 붙어 있는 경우 십중팔구는 그린 온을 못 하고 물에 빠뜨리는 것이다. 특히 우리 팀이 끝나기를 뒤 팀이 기다리고 있을 때에는 영락없이 스윙이 굳어져서 볼을 물에 빠뜨린다. 언젠가 티잉 그라운드에 올라간 내 동작이 안타까울 정도로 어설퍼 보였는가 보다. 등 뒤에서 한 여성의 목소리가 들렸다.

"마음 놓고 휘두르세요."

뒤돌아보니 당시의 인기 가수 김세레나 씨였다.

하지만 결과는 말하나 마나 뻔했다. 보기 좋게 물에 빠진 게 아니라, 다행히도 토핑이 나서 공이 물에 빠지지는 않았다.

사람은 암시에 걸리기 쉽다. 암시는 남으로부터 받는 경우도 있지만 자기 암시에 걸리는 경우가 더 많다. "이것은 안 될 것이다", "내가 해낼 수 있을까?", "안 될지도 모른다"고 마이너스 사고를 하면서 일을 한다는 것은 실패를 자초하는 것이나 다름이 없다. "이것은 틀림없이 된다", "나는 할 수 있다"고 긍정적인 사고를 할 때는 절로 힘이 솟아나고 성공하기가 쉽다. 심리학에서는 그것을 플라세보 효과라고 부르는 모양이다.

사람의 뇌는 기분이 좋을 때 한층 더 활성화가 된다. 그러니까 긍정적인 사고방식을 가지고 있을 때에는 뇌 안에서 세로토닌이니 도파민이니 하는 뇌의 활동을 촉진시키는 작용을 하는 신경전달물질이 생겨나고, 이어서 뇌 안의 신경세포가 이것들을 받아들이기 쉬운 상태가 되기 때문이란다.

당시 서울대학 병원장이던 한용철 박사와 함께 골프를 쳤을 때에도 볼을 물에 빠뜨렸다. 그러자 그는 '간이 작기 때문'이라는 진단을 내렸다. 그는 오진을 한 것이다. 사실은 그에게 뭔가 보여주려는 욕심이 컸을 뿐이었다.

반하기는 했지만
좋아하지는 않는다

원래가 나는 공치기에는 소질이 없다. 그래서 어릴 때 친구끼리의 야구 시합에서 으레 나는 제외되었다. 축구 시합을 할 때에는 나는 으레 골키퍼가 되었다. 물론 테니스는 엄두도 못 내는 운동이었다. 한마디로 운동신경이 몹시 둔한 내게 골프란 생각만 해도 끔찍스러운 운동이었다.

골프 전문가에 의하면 골프란 직경 1.68인치의 볼을 대충 2.5인치의 클럽페이스로 약 1.5초 사이에 약 시속 90마일의 속도로 대충 18피트의 아크를 그리며 맞혀야 한다. 볼이 클럽페이스에 멎는 시간은 대략 1초의 1백분의 1도 안 된다는 것이다. 그것도 그냥 맞히는 게 아니다. 클럽페이스의 한가운데를 똑바로 맞혀야 하는 것이다. 그러자면 눈도 좋아야 하고, 어지간히 팔과 다리의 힘이 있어야 하고, 허리도 유연하지 않으면 안 된다.

미국의 한 골프 교습서를 읽다 얻은 지식이지만, 골프채를 손에 잡고 티 위에 공을 올려놓고 어드레스 자세를 취하고 채를 휘두르는 전 과정을 통해 체크포인트가 115개나 된다고 한다. 그렇게 어려운 운동인 골프를 내가 감히? 처음으로 스윙을 가르쳐준 레슨 프로도 나에게 10개 이상의 체크포인트를 일러주었다. 그것을 실제로 하나하나 따라가면서 클럽을 들어 올려서 크게 스윙을 하며 내려치기란 여간 힘들지 않았다.

그렇게나 어려운 골프를, 그것도 50세가 가까운 나이에 시작할 필요가 있을까? 더욱이 나는 지금의 어린이대공원 자리에 골프장이 있을 때 골프 무용론을 신문 칼럼에 쓴 전과도 있는 몸이었다.

볼과 관련된 스포츠에 소질이 없는 내가 뒤늦게 골프를 치기 시작한 동기도 매우 불순했다. 나와 가까운 친구들은 모두가 어울려서 주말마다 골프를 쳤다. 그들은 골프가 끝나면 으레 시내로 돌아와서 저녁을 즐겼다. 당연히 나는 그 속에 끼지 못했다. 어쩐지 따돌림을 당하는 듯한 서운한 생각이 들었다. "왜 너희들끼리만 술을 마시느냐"고 불평을 하니까 "자네도 골프를 치면 될 게 아니냐"는 것이었다. 그렇게 해서 시작한 골프가 늘 턱이 없었다.

나는 그저 골프장에서 망신만 당하지 않도록 보기 플레이어만 되면 좋겠다고 생각했다. 그러나 보기 플레이어 되는 게 내게는 얼마나 어려운 것인지를 깨닫는 데만 10년 이상이나 걸렸다.

그렇지만 적어도 필드에서 망신스러운 모습만은 사람들에게 보여주면 안 되겠다는 생각이 들었다. 그렇다고 나이를 먹어서 연습장을 다니는 것도 쑥스러운 일이었다. 천성이 게으른 나는 연습장에 가는 대신 책으로 골프를 배우기로 했다. 그래서 잠자리에 들기 전에 골프책을 몇십 분씩 읽은 다음에 잠이 들곤 했다. 그러니까 골프에 관한 잡지식이며 이론에는 웬만한 프로 골퍼를 뺨칠 정도로 밝아졌다. 그러나 그런 모든 잡지식은 실제로 골프 필드에서는 방해가 될 뿐 별로 도움이 되지 않았다. 책 10권이 연습장 연습 하루만 못하다는 것을 깨닫게 된 다음부터는 그나마 책도 읽지 않게 되었다.

미국의 유명한 영화배우 잭 니콜슨도 늦바람이 나서 골프 재미에 빠졌다. 그는 자기 집 뜰에 벙커와 그린을 만들고 밤낮을 가리지 않고 연습에 몰두했다. 그런 그가 영국 골프 잡지와의 인터뷰에서 이렇게 말했다.

"나는 놀이라는 놀이는 모두 졸업했다고 생각했었다. 그런데 조용히 여생을 맞을 준비는커녕 엉뚱한 놈에 사로잡혀서 숨이 막히는 나날을 지내고 있다. 인생이란 마음대로 되지 않는가 보다."

실제로 속담에도 이런 게 있다.

"골프의 유일한 결점은 너무 재미있다는 데 있다."

운명은 하늘의 짓궂은 장난이다

"마지막 퍼팅이 끝날 때까지 어떤 일이 일어나도 이상하지 않다."

–게리 플레이어

1965년 세계 매치플레이 선수권대회 준결승전에서 '멋쟁이' 토니 레마와 남아프리카의 검은 표범 게리 플레이어가 맞붙게 되었다. 전반 18홀이 끝났을 때 레마가 6업, 오후 첫 홀에서도 이겨서 7업. 레마는 콧노래를 부르며 캐디에게 말했다.

"서너 홀만 치면 끝날 것이다."

이때부터 자만하기 시작한 그는 더욱 신중해진 플레이어와 대조가 되었다. 차이는 조금씩 좁혀져나갔다. 그래도 16번 홀에서는 레마가

1업으로 앞서 있었다. 당황해진 레마와 더욱 침착해진 플레이어. 드디어 연장에 들어가자 레마는 걸음걸이도 패자처럼 무거웠다. 결국 레마는 비참한 패자가 되어 고개를 깊이 떨군 채 골프장을 떠났다.

사람의 일생을 결정하는 것을 우리는 운이라고 말한다.

정확히는 '운'과 '운세'와 '운명'이다. '운'이란 태어날 때부터 가지고 있는 자원을 말한다. 그것은 지능, 건강, 재산, 체격, 용모, 교육 등이다. 이런 운이 때에 따라 좋고 나쁘게 작용하기는 골프에서도 마찬가지다.

'운세'란 가지고 있는 운의 기복을 말한다. 성공했다가 실패하고, 실패했다가 성공하는 것은 모두 운세 탓이다. 잘 맞던 볼이 안 맞게 된다든가, 뜻하지 않은 강풍에 볼이 휘말린다든가 하는 것도 운세 탓이다. 해리 바든의 다음과 같은 말은 불가사의한 운세를 얘기한 것이라 할 수 있다.

"우승을 다투는 사람들에게 실력의 차이는 없다. 우승을 결정하는 것은 볼의 마지막 킥, 인간의 지혜가 미치지 못하는 부분에서는 행운과 불운에 의지하기 때문이다."

'운명'이란 사람의 두뇌로는 예상할 수 없고 사람의 힘으로는 어쩔 수 없는 필연을 말한다. 그래서 그것을 우리는 때로는 '하늘의 짓궂은 장난'이라고 말하기도 한다. 그렇지 않으면 왜 못된 사람이 죽을 때까지 잘 살고, 뛰어난 골퍼가 우승을 못 하는지 이해되지 않을 때가 많다.

한 가지 분명한 것은 앞에 인용한 해리 바든의 말에서는 토니 레마를 패자로 만든 것을 행운과 불운의 문제로 돌리고 있다. 그렇지만 기본적으로는 자만심과 교만, 방심이 자초한 결과였다고 보는 게 옳을 것이다. 1887년의 브리티시오픈의 우승자 윌리 파크 주니어는 이렇게 말했다.

"볼을 치는 것은 당신 자신이다. 하느님이 아니다. 힘들 때 하느님을 믿는 것은 자신이 없는 겁쟁이의 단순한 응석에 지나지 않는다."

이와 비슷한 얘기를 캐시 위트워스도 심한 슬럼프에 빠져 있었을 때 그녀의 친구로부터 들었다.

"클럽을 휘두른 것은 누구? 당신이잖아. 마음먹은 대로 날지 않은 볼을 친 것은 누구? 당신이잖아. 불운의 탓으로 돌린다거나 주위에 화풀이를 한다면 좀 한심하다고 생각하지 않니? 샷에도 인격이라는 게 있단다. 같은 미스라도 회심의 미스를 해라. 자신의 불운과 불공평함을 한탄한다는 것은 따지고 보면 우쭐해서 그러는 것뿐이다. 만약에 불운이 싫다면 골프는 그 사람에게 어울리지 않는 게임이라고 생각한다. 불운도 골프의 일부이기 때문이다."

이런 얘기를 병아리 프로 선수들에게 들려주면서 그녀는 다음과 같은 말을 덧붙였다.

"골프에 필요한 것은 우선 게임을 즐기려는 마음의 여유, 예의범절, 가지런하고 합리적인 스윙, 마음의 평정, 그리고 집중력이다. 이 중 어느 하나도 빠지면 안 된다."

뻔뻔하게
스코어 속이기

주말마다 친구와 함께 골프를 치는 남자가 있었다. 그런데 어느 토요일에 그가 이상하게 집에서 책을 읽는 것을 보고 부인이 물었다.

"아니, 오늘은 왜 조지와 같이 골프를 치지 않나요?"

"그 친구하고 누가 같이 골프를 쳐? 당신이라면 어떻게 하겠어? 툭하면 거짓말을 하고, 속임수를 쓰고, 볼을 움직이는 사람하고 플레이할 마음이 생기겠어!"

"그야 딱 질색이겠지요."

"조지도 그런 말을 하더군."

신문 배달 소년 A가 말했다.

"지미가 골프장의 캐디를 하고 있다면서? 수입이 좋은 모양이지?"

신문 배달 소년 B가 대답했다.

"급료는 대단치 않지만 부수입이 꽤 많은 모양이야. 골퍼가 스코어 카드를 속일 때 사인해준다든가……."

컨트리클럽에서 한 회원이 한 소년을 새 캐디로 쓰려고 했다. 그래서 소년에게 물었다.

"너는 숫자를 헤아릴 수 있니?"

"네."

"덧셈은 할 줄 아니?"

"네."

"그럼 4 더하기 5 더하기 3은 얼마냐?"

"9입니다."

"그럼 됐다. 너는 합격이다."

룰의 권위자로 알려진 H. F. 러셀 박사에게 스코어를 속이는 사람을 뭐라 부르면 좋으냐고 누군가가 물었다.

"부정을 저지르는 사람은 골프의 뒷골목을 숨어 가는 셈이니까 golf를 뒤집어서 flog(매를 친다, 비열하다, 탐욕의 뜻)라 부르면 좋겠군."

아무리 핸디가 낮은 골퍼라도 볼이 잘 안 맞는 날이 있다. 유난히 잘 맞는 날도 있다. 하물며 보기 플레이어 정도라면 스코어가 오르내리는 폭도 크다. 생각하기에 따라서는 그렇기 때문에 골프는 즐거운 것이다. 공정하지 못한 방법을 쓰면서까지 스코어 카드의 숫자를 줄

이겠다는 것은 자기 기만의 씁쓸한 뒷맛만을 남겨줄 뿐이다. 그런 사람은 아예 스코어 카드를 적지 않는 게 좋다. 그렇지만 매우 가까운 친구끼리 장난 골프를 칠 때에는 거짓 스코어를 기록한다 해도 나쁠 것은 없다.

"일부러 스코어를 속이려는 것은 아니다. 내가 골프를 치는 것은 건강을 위해서이며, 스코어 카드를 속이는 것도 스코어가 적은 편이 기분이 좋아지기 때문이다."

이게 내가 꾸며낸 변명인지 누구의 말인지 기억이 나지 않는다.

골프를 잘 치게 만드는 방법에는 세 가지가 있다. 정식으로 골프 레슨을 받는 것이 그중 하나이고, 두 번째 방법은 당연한 얘기지만 필드에 자주 나가는 것이다. 그리고 세 번째가 스코어를 속이는 것이다.

나는 영원한
보기 플레이어

어느 골프 잡지에 독자로부터 다음과 같은 질문이 나왔다.

"초보자였을 때 산 클럽이 낡았습니다. 스코어의 향상에 따라 클럽도 바꾸는 게 좋을까요?"

응답자는 톰 모리스라는 유명한 프로 골퍼였다.

"초보자란 언제까지를 말하는 것인지 모르겠다. 5라운드를 마칠 때까지가 초보자이고, 그다음부터가 중급자라 하는 것인지, 혹은 1년 미만이 초보자이고, 그 이후는 중급자라 해야 하는 것인지…….

만약에 라운드의 횟수라든가 클럽을 만진 연수로 평가한다면 그것은 잘못된 생각이다. 따라서 클럽을 살 때 초급자용이라는 명칭은 정확한 용어가 아니다. 왜냐하면 골프란 최초의 체험에서도 믿을 수 없을 만큼 많은 것을 가르쳐주기 때문이다. 클럽은 오래 쓴다는 것을 전제로 사야 할 것이다. 그리고 그 클럽을 사용하면서 익숙해지는 것이다. 내가 신뢰하는 만큼 클럽도 나에게 보답해준다. 항상 새로운 것에 눈이 팔리는 한 지금의 클럽과 신뢰 관계를 쌓기는 힘들 것이다. 클럽을 바꿔나가는 것은 자유지만 지금의 클럽 이상으로 치기 좋은 것을 손에 넣을 수 있을지는 매우 의심스럽다."

그가 이 잡지에 이렇게 답을 한 것은 1892년의 일이었다.

이렇게 대답한 모리스는 21세가 될 때까지 브리티시오픈을 4년 연속 우승한 경력을 가진 골퍼다. 그는 24세 때 아내와 아이의 죽음을 맞은 다음부터 클럽을 손에 잡지 않았고 4개월 후에 세상을 떠났다.

스코틀랜드에 예부터 전해오는 속요에 이런 게 있다.

"비거리를 자랑하면 유치원생, 스코어를 따지면 초등학생, 경치가 눈에 보이면 중학생, 매너에 엄격하면 고교생, 역사를 알게 되면 대학생, 친구들이 모이면 드디어 졸업식이다."

미국의 대표적인 작가 중의 한 사람인 존 업다이크는 골프 실력이 싱글이었다. 그에 의하면 골퍼와 실제 나이와는 관계가 없다. 클럽을 처음으로 쥔 날이 바로 '생일'이다. 100타를 깨면 '성인'이 되고, 90타를 깨면 '자립'이며, 80타를 깨면 '원숙'에 들어간다.

"성인 이전의 단계에서는 그냥 어둠 속에서 클럽을 휘두르며 비거리와 격투한다. 그들에게 필요한 것은 볼을 날리기 위한 이론이다. 골프라는 게임이 비거리와 방향에 의해 성립된다고 이해하는 것은 성인 이후다. 그런데 레슨 책의 내용을 알게 됨에 따라 이번에는 혼란의 세계로 돌입하는 것이 숙명이다. 그리고 대부분의 사람은 여기서 헤어나지 못하고 만다."

"기술 면에서는 18홀의 3분의 1, 곧 6홀에 하나꼴로 파를 할 수 있을 것. 정신 면에서는 어떤 경우에나 상심하지 않고, 화내지 않고, 넋두리를 늘어놓지 않을 것."

이것은 핸디가 5였던 영국의 발포어 수상의 말이다.

일본에서는 50세 이후는 시니어, 60세 이후는 실버시니어, 70세 이상이 되면 골드시니어라고 구별하고 경기도 따로 갖는다. 그러자 "70세와 80세를 한 묶음으로 하는 것은 사자와 나귀를 한 울타리 안에 넣는 것과 같다"는 항의가 나왔다. 그래서 새로 80세 이상을 위해 슈퍼골드라는 계급(?)을 새로 만들고 모임도 따로 갖기로 했다. 다른 나라에서는 어떤지 모르겠다.

우리는 새해에 절에 가서 기원을 한다. 한 나이 든 골퍼가 "제발 백살까지 살 수 있도록 빌겠습니다"라고 기원했다. "살 만큼 살았는데 얼마나 더 살다 죽으려고 그러느냐"고 한 친구가 비웃었다. 그는 정색을 하면서 대답했다.

"그런 게 아니라 나는 그저 에이지 슈터^{age shooter, 한 라운드를 자신의 나이와 같거나 적은 스코어로 마치는 일}를 하고 싶을 뿐이다."

그의 핸디는 26이었다. 그의 논리를 그대로 따른다면 나도 적어도 100세는 되어야 에이지 슈터를 바라볼 수 있을 것이다.

그러나 위에는 또 위가 있다. 에이지 슈터보다 더 값진 게 언더에이지 슈터^{under-age shooter}다. 그것은 자기 나이보다 적게 친 경우를 말한다.

4장

골프
실전학

"골프 경기란 주로 당신의 두 귀 사이, 곧 5.5인치 거리의 코스에서 이뤄진다." ─보비 존스

"다른 사람들이 시(詩)에서 발견하는 것을 나는 볼이 멋지게 공중을 나는 데서 발견한다."

─아놀드 파머

"레슨 책이 늘어날 때마다 질식하는 골퍼도 늘어난다." ─봅 마틴

마음과 근육은
마음대로 되지 않는다

"골프는 두뇌가 성숙하기 전에 배워야 한다. 성인이 될수록 직감과 근력은 쇠퇴할 뿐이다. 그 부족한 부분을 이론으로 보충하려 해도 근육은 이론으로 움직여지지 않는다."

이렇게 월터 심프슨이 말했다. 그는 이렇게도 말했다.

"어른이 될수록 이것저것 궁리가 많아진다. 그래서 무심의 어린이를 당해내지 못하는 것이다."

아닌 게 아니라 천재적인 골퍼가 두각을 나타내는 것은 10대부터이다. 하비라는 애칭으로 불리던 하버트 미첼이 1949년의 아일랜드 아마 선수권에서 우승했을 때가 13세 2개월이었다

'꼬마 천재'라 알려진 낸시 조프가 1934년의 브리티시 주니어 선

수권에서 우승했을 때가 13세 5개월이었다. 22세까지로 출전 연령이 제한되어 있던 이 대회에서는 그녀가 최연소자였다. 그때의 기록에는 이렇게 적혀 있다.

"반은 울먹이면서 고군분투하는 그녀에게 모든 관중이 성원을 아끼지 않았다. 우승 트로피를 가슴에 안고 기자들에게 둘러싸인 채 그녀가 한 첫마디는 '저는 지금 오줌이 마려워 죽겠어요'였다."

1974년의 브리티시 남자 주니어 선수권의 우승자 데이비드 로버트슨은 14세 소년이었다. 그는 우승 소감에서 이렇게 당돌하게 말했다.

"어린애라고 모두 얕보았기 때문에 본때를 보여주었습니다."

일반부에서 샌디 라일이 브리티시 아마 스트로크 선수권에서 우승한 것은 17세 때, 닉 팔도가 1975년의 브리티시아마를 제패했을 때가 18세, 아일랜드 여자 선수권에서 메이 헤즈레드가 우승한 것은 17세, 엘시 카일이 스코틀랜드를 비롯한 4개의 여자 선수권 대회에서 우승한 것도 18세 때였다.

그러니까 나이 많은 골퍼들은 좋은 스코어를 낼 생각은 포기하고 그저 즐길 생각만 하면 된다. 못 친다고 나무랄 사람은 없다.

"레슨 책은 성서와 달리 아무에게도 복음을 가져다주지 못한다. 왜냐하면 성격, 체형, 연령, 운동신경, 사고력 등이 사람마다 다른데도 똑같은 행위를 요구하는 것은 횡포의 극치이며, 가르치는 사람이야말로 겸허해야만 한다. 따라서 여기 소개하는 타법은 나 자신은 이렇게 하니까 잘되었다는 보고서 정도로 참고나 하면 좋겠다는 얘기일 뿐이다."

이것은 로버트 체임버스가 1862년에 쓴 《골프에 관한 잡소리》라는 책의 머리말이다. 이 무렵만 해도 골프 이론에 관한 책은 없었다기보다 그럴 필요를 느끼지 않았다. 그런지 근 반세기가 지난 1901년에 나온 《골프의 기본》이라는 책도 고작 제2조라는 대목에 적혀 있는 것이 '서서 오줌 누는 것은 되도록 참아라'는 것이었다.

제대로 된 레슨 교습서가 없었던 것은 20세기 초 프로 선수 7할 이상이 읽고 쓰기를 못했기 때문이기도 했다. 그러나 그것만이 전부는 아니다.

진 사라젠은 브리티시오픈, US오픈, 마스터스의 우승자다. 그는 20세 때 US오픈에서 전설적인 보비 존스에게 1타 차로 석패하였으며, 그다음 해에는 월터 하겐을 연장 38홀에서 이긴 다음부터 '163센티미터의 거인'이라 불리게 되었다. 그는 키가 작았던 것이다. 그런 그가 다음과 같은 말을 남겼다.

"많은 사람이 기본도 배우지 않고 스코어를 줄이려 한다. 이것은 걸음마도 배우지 않고 달리려 하는 어리석기 짝이 없는 일이다."

물론 그는 여기서 스윙의 기본만이 아니라 매너와 룰을 곁들여서 말한 것이기는 했다. 골프의 거인들은 대부분 기술적 이론을 믿지 않았다. 브리티시오픈을 6번이나 우승한 해리 바든도 이렇게 말했다.

"최근에는 많은 사람들이 골프 이론 붐을 타고 이론에 열중하는 바람에 갑자기 골프가 어려워지기만 했다. 클럽은 들어 올렸다 내려놓기만 하면 되는 것이다. 이러쿵저러쿵 이론을 따질 시간이 있으면 한 타라도 더 연습하는 게 좋다."

극단적인 크로스 스탠스의 수평 타법을 버리고 오픈 스탠스에 업라이트^{upright} 스윙 타법을 개발한 것이 그였다. 오른손 새끼손가락을 한 개 떼어놓는 오버래핑 그립 타법을 착안한 것도 그였다. 외국인으로는 처음 US오픈에서 우승한 다음에 폐결핵으로 8년간 요양 생활 후 컴백하고는 다시 브리티시오픈에서 두 차례 우승한 것이 바로 해리 바든이었다.

그런 그도 "골프란 볼을 클럽의 중심에 맞히는 게임이다. 자세 따위는 신경 쓸 필요 없다"는 신조를 끝까지 굽히지 않았다. 그는 또 언제나 7개의 클럽만 가지고 플레이했다.

캐시 위트워스라는 여류 골퍼가 있었다. 1985년까지 메이저에서 6승한 것을 비롯하여 통산 88승을 하고 상금 왕을 8회, 연간 최우수선수상을 8번 탄 놀라운 아마조네스다. 그런 그녀에게도 초기에 심한 슬럼프에 빠진 쓰라린 경험이 있었다.

"한때 갤러리조차 껄껄 웃을 정도로 심한 슬럼프에 빠져서 울어버린 적도 있었다. 토너먼트 중에 티샷이 토핑이 나서 30야드밖에 나가지 못하고, 2타째는 숲 속에 들어가고, 3타째는 나뭇가지에 맞아서 OB를 내고, 5타를 치고서도 페어웨이에 이르지도 못한 적이 있었다. 그날 밤에는 정말로 골프를 그만둘까 생각했었다."

그런 그녀를 딱하게 여긴 한 친절한 캐디가 찾아왔다. 캐디는 그녀의 말을 듣고 한참 동안 생각하더니 뜨문뜨문 말했다.

"슬럼프는 극복할 수 있습니다. 만약에 당신의 친구와 인연을 끊을 용기가 있다면요."

"친구라니, 누구를 두고 하는 말인가요?"

캐디가 손가락질하는 곳에는 냉장고가 놓여 있었다. 당시 캐시는 너무 비만해져 있었던 것이다. 그때부터 캐시는 군살을 빼기 시작했다. 그녀가 남긴 말에 이런 게 있다.

"만약에 당신이 언제나 스윙에 대해서 생각하고 있다면 그 습관은 버리세요. 스윙은 생각하면 할수록 불안 요소만 늘어나기 때문입니다."

언젠가 골프 평론가 보비 사이먼이 친구들과 함께 라운딩을 하기 위해 1번 티잉 그라운드를 향해 가다 연습 그린에서 볼을 굴리고 있는 조지 로를 보고 인사를 나누었다. 사이먼 일행이 9홀을 돌고 나서 아웃코스로 걸어가는데, 아침에 만난 로가 똑같은 장소에서 퍼팅을 하고 있는 것이 보였다. 일행 중의 한 사람이 "어쩌면 저것은 로의 동상일지도 모르겠다"고 말하면서 가까이 가보니까 확실히 그것은 살아 있는 로였다. 어이없다는 듯이 사이먼이 물었다.

"자넨 지치지도 않나? 우리는 자네가 퍼팅 연습을 하고 있는 동안에 18홀을 다 돌고 오는 길인데……."

로가 대답했다.

"퍼팅에서 제일 중요한 것은 몇 시간이고 서 있으면서도 조금도 지

치지 않는 자세를 찾아내는 것이다. 만약에 30분 정도로 지치게 되면 틀림없이 게임 후반에 퍼팅 솜씨가 흐트러질 것이다."

그런 그가 이렇게 말한 적이 있다.

"세상의 골퍼들은 기술적 무장에만 열심이지, 스윙을 하는 마음가짐에 대해서는 무관심이다. 명골퍼라 불리는 사람은 모두가 정신적 무장의 달인들이다."

당당한 골퍼의
5가지 조건

비록 핸디 36타는 치지 말라는 골프장의 게시판은 무시했지만 내 나름으로는 '완전한 골퍼'다울 수 있는 조건은 충분히 갖추고 있다고 자부해왔다. 왜냐하면 적어도 해리 바든이 말한 5가지 교훈만은 충실히 지키려 노력했기 때문이다.

1870년에 태어난 바든은 소년 시절에는 약골이었다. 그런 그는 1893년 브리티시오픈에서는 예선에서 떨어졌지만 1896년에 처음 우승한 이후로 5회나 우승을 거듭했다. 그는 1900년에 US오픈에서도 우승을 했지만 폐결핵으로 선수 생활을 중단할 수밖에 없었다.

그렇지만 건강을 되찾고 1911년에 재기한 다음부터 각종 대회에서 150회 이상 우승했다. 그는 또 종전의 'natural grip'에서 너무 강한 오른손의 힘을 약화시키고 두 손의 일체화를 꾀한 'overlapping grip'을 발명하기도 했다.

그가 남부끄럽지 않은 골퍼의 5가지 조건을 다음과 같이 말한 적이 있다.

첫째, 입이 찢어져도 남의 플레이에 간섭해서는 안 된다. 절대 침묵을 지켜라.

해마다 페블비치에서 열리는 크로스비 프로 아마 대회에 출전한 영화배우 클린트 이스트우드의 평소 실력은 핸디 14타였다. 그런 그가 이날따라 이상하게 난조를 보여 아웃 46, 인 53을 쳤다. 홀 아웃을 한 그에게 어쩐 일이냐고 묻는 사람이 있었다.

"왜냐고? 보면 알게 아닌가? 잘 맞지 않는 날도 있지 뭘 그래. 자네는 언제나 잘 치나?"

"……"

"그렇다면 남의 괴로움도 알 게 아닌가? 잘 맞지 않은 사람에게 왜 잘 맞지 않았느냐고 묻는다는 것은 비인도적인 행위야."

"그렇다 해도 바다에 6번이나 볼을 빠뜨린다는 것은 흔한 일이 아니잖습니까?"

"흔하지 않다는 것은 무슨 뜻이야! 그렇다고 또 내가 남에게 무슨 피해를 주기라도 했나? 그러니 혼자 잘난 체하지 말고 남의 스코어에 참견하지 말게."

크로스비 프로 아마 대회의 주최자인 빙 크로스비는 브리티시오픈에 도전한 적이 있을 만큼 대단한 스크래치 플레이어였다. 그의 아들 나다니엘 크로스비도 3세 때부터 아버지로부터 퍼팅 지도를 받고 10세에 70타를 치고, 14세 때 핸디가 2타가 되고, 16세 때에는 노 핸디였다. 그렇지만 그의 스윙 폼은 여간 가관이 아니었다. 두 다리를 넓게 벌리고, 양 팔꿈치를 잔뜩 구부리고 또 폴로 스루가 거의 없는 펀치 샷이었다.

그가 US아마 대회에 나왔을 때 한 기자가 물었다.

"아버지한테 스윙을 배우지 못했니?"

"물론 배웠지요. 남이 뭐라 하든 자기 좋은 대로 치라는 말도 들었답니다. 세상에는 남을 가르치고 싶어서 안달이 나는 사람이 많으니까 조심하라고도 일러주셨습니다."

어느 경기인가 도중에 그가 벙커 샷에 실패한 순간 관중 속에서 낄낄 웃는 사람이 있었다. 화를 참고 게임을 마친 그는 텔레비전 인터뷰에서 이렇게 말했다.

"남의 실패를 비웃는 사람이 있는데 도대체 그런 사람은 실패한 적이 없었을까요?"

둘째, 자기에게는 엄격하고, 남에게는 너그럽게 대하라.

"자기가 즐기고 싶다면 상대방부터 즐겁게 해줘라."

이것은 영국 수상이던 아서 발포어가 남긴 말이다.

셋째, 룰은 두 개만 알고 있으면 충분하다. 곧 볼이 놓여 있는 그대로 놓고 플레이하라. 그리고 자기에게 유리한 행위는 하지 마라.

'있는 그대로의 상태'에서 볼을 치는 게 불가능할 때가 있다. 그런 때에는 볼을 뒤로 이동할 수밖에 없다. 그런 경우에는 '언플레이어블 unplayable'이라 선언하고, 스스로에게 1벌타를 가산한다.

1940년대에 유럽의 대표적 골퍼로 손꼽히던 아일랜드의 해리 브래드쇼라는 골퍼가 있었다. 어느 시합에선가 그가 친 공이 러프 속에 들어갔다. 러프라 해도 볼을 치기가 어려울 만큼 깊은 것은 아니었다. 그런데도 그는 "언플레이어블!"을 선언했다. 그러고는 볼을 주워서 1클럽 정도 뒤로 드롭하고 5번 아이언으로 쳐 올려서 그린에 올려놓았다. 그와 함께 경기하던 골퍼가 의아해서 그에게 왜 그랬느냐고 물었다.

"도저히 칠 수가 없었다."

"돌이 있었나?"

경기를 취재 중이던 신문기자가 나중에 현장을 살펴보았다. 그랬더니 러프 한구석에 예쁜 꽃 한 송이가 피어 있는 게 보였다. 만약에 브래드쇼가 볼을 쳤다면 틀림없이 그 꽃이 산산조각이 날 게 틀림없었다. 나중에 브래드쇼는 다음과 같이 말했다.

"나는 예쁘게 핀 꽃을 죽일 만한 용기가 없는 인간이다. 꽃보다 샷이 더 중요하다는 생각이 들지 않았다. 그리고 '언플레이어블'을 선언하는 것은 골퍼의 자유 의사에 따른 것이며, 하등 다른 사람들에게 피해를 주는 것은 아니었다."

넷째, 틀림없이 누군가 나를 지켜보고 있다는 것을 잊지 말라.

16세기 중엽에 에든버러 대성당 앞 광장에 이런 게시물이 붙은 적이 있다.

"엘리엇이라는 성당 관계자는 지난 골프에서 친구의 볼을 고의로 벙커 속에 차 넣었다. 이 못된 행위를 옆 홀에서 플레이 중이던 사제가 목격하였다. 이 행위를 그는 나중에 시인했는데, 성직자회의에서는 사태를 중요시하고 엘리엇에게 1년간의 광장 청소를 명한다. 이 결정은 금일부터 실행된다."

다음의 예는 국제 대회에서 일어난 일이다. 당시 일본이 자랑하던 프로 골퍼 점보 오자키가 러프에 들어간 볼을 클럽 끝으로 치기 좋게 슬쩍 움직여놓으면서도 시치미를 뗐다. 아무도 못 본 줄 알았는데 운 나쁘게(?) 그렉 노먼의 눈에 걸렸다. 그 후 오자키는 어느 국제대회에도 참가하지 못했다.

다섯째, 잘난 체하고 남을 평할 시간이 있으면 한 타라도 더 연습하라.

홀리스 스테이시가 골프를 배우기 시작한 것은 10세 때부터였다. 이때 그녀의 아버지는 다음과 같은 충고를 했다.

"볼을 네가 치기 좋은 자세로 마음 놓고 쳐라. 처음에는 잘 맞지 않겠지만 그렇다고 조금도 마음 졸일 필요는 없다. 천천히 끈기 있게 쳐나가다 보면 어느 순간엔가 너도 놀랄 만큼 볼이 똑바로 멀리 나가게 될 것이다. 그 스윙 타이밍을 다듬고 익혀나가는 게 골프란다. 선생은 한 명만 정하고 다른 사람이 이러쿵저러쿵 말해도 귀담아듣지 마라."

홀리스의 아버지는 자기가 속한 클럽의 한 프로 선수에게 딸을 맡겼다. 그러자 주위 사람들이 그녀를 가만히 내버려두지 않았다.

"참으로 스윙하는 자세가 좋다. 다만 한 가지 고칠 게 있다면……" 하고 한 사람이 친절하게 가르친다. 또 다른 사람은 오른팔을 옆구리에 더 붙이라고 충고를 한다.

이렇게 그녀를 둘러싼 골퍼들은 제각기 한마디씩 귀에 솔깃한 조언과 충고를 해주었다. 모두 선의의 충고들이다. 그렇지만 홀리스에게는 전혀 도움이 되지 않는 조언들이었다. 이를 보다 못해 홀리스의 아버지는 클럽하우스의 게시판에 다음과 같은 쪽지를 써 붙였다.

"멤버 여러분, 아름다운 꽃에 농약을 함부로 뿌리지 마십시오. 만약 꽃이 시들어버린다면 당신들이 책임져야 합니다."

그날부터 그녀를 괴롭혀온 교수광들(?)이 물러났다. 그러자 그녀의 골프 솜씨는 하루가 다르게 늘었다. 그녀는 지방의 여자 경기 대회에 출전하여 26연승을 거두고, 1974년부터 3년 동안 US 여자 주니어 선수권대회에서도 연승했다. 이어 77년에는 US여자오픈에서 2위인 낸시 로페즈를 2타 차로 누르고 우승했으며, 그다음 해에도 우승했다.

"지상에는 유쾌하지 않은 게 두 가지 있다. 하나는 뱀, 또 하나는 골프의 교수광이다."

이것이 그녀가 나중에 남긴 말이다. 잘 못 치는 사람일수록 남의 스윙에 대해 곧잘 비평을 하기 좋아한다. 나도 100타를 간신히 깰까 말까 한 주제에 당당한 싱글 플레이어인 조선일보의 방상훈 사장에게 스윙할 때 폴로 스루를 제대로 하지 않는다고 건방지게 지적한 적이 있다. 그때 방 사장의 민망스러워했던 표정이 아직도 눈에 선하다.

"핸디 20인 사람에게 배우면 아무리 노력해도 핸디 19가 되지 못한다."

스코틀랜드의 속담이다.

홀인원은
실력인가 운인가?

볼을 잘못 쳐서 숲 속으로 들어가면 운명의 탓으로 돌리지만, 홀인원Hole made in one stroke의 줄임말을 할 때에는 자기 실력 때문이라고 우쭐해진다. 물론 남이 홀인원을 했을 때에는 운이 좋기 때문이라 여기고 싶어 한다.

1921년 가을에 전통 있는 세인트 앤드류스 대학의 강당에서 로얄 트룬의 그린키퍼green keeper인 에드먼드 혼타크가 초청 강연을 했다.

"나는 인생의 태반을 들판에서 살았습니다. 강연은 내 성미에 맞지 않습니다. 그러니까 질의응답 형식으로 얘기를 하도록 합시다."

이렇게 시작한 강연은 장장 2시간이 넘도록 이어졌다. 마지막에 그는 이렇게 말했다.

"골프의 목적이 스코어뿐이라면 너무나도 서글픈 일입니다. 대자연 속에서 산책을 즐기고, 친구와 담소하고, 게임에 열중하면서 잘해도 못해도 웃어넘기도록 합시다."

그는 자기가 목격한 훈훈한 정경을 소개했다.

초로의 두 부인이 1번 티에서 어드레스 자세를 하면서 자기는 일할 게 있어서 한 라운드를 마치기가 어렵다고 한탄했다. 그러자 또 한 부인이 말했다.

"그럼 이렇게 하면 어떨까요? 누구든 홀인원을 하면 그것으로 끝냅시다."

"그것참 좋은 생각이네요."

스페인의 플라멩코의 제1인자였던 리카르도 세바스찬이 플로리다의 퍼블릭 코스의 190야드, 파3 1번 홀에서 사람들의 권유를 받고 클럽의 그립을 어떻게 잡는 줄도 모르면서 3번 우드를 휘둘렀다. 볼은 크게 슬라이스를 내며 그린의 왼쪽으로부터 옆으로 가로지르더니 오른쪽 뒤쪽에 있는 홀컵에 빨려들듯이 들어갔다.

"흥."

그는 코웃음을 치면서 말했다.

"이런 간단한 게임은 재미가 없군요."

그는 그 후로 다시는 클럽을 만지지 않았다.

남자 프로 골퍼가 홀인원을 할 수 있는 확률은 3700회에 한 번. 여자 프로는 4660회에 한 번이다. 일반 골퍼의 경우에는 1만 2천 번에

한 번이라는 사람이 있고, 4만 3천 번에 한 번꼴이라는 얘기도 있다.

　1951년 뉴욕에서 3일에 걸쳐 진기한 대회가 이뤄졌다. 한 신문사가 전국에서 과거에 홀인원을 한 1409명을 초청하여 3개의 코스로 나누어서 각기 5번씩 볼을 치게 했다. 그러니까 합계 7045개 볼을 쳤던 셈이다. 그러나 단 한 개도 홀인원을 하지 못했다. 가장 컵에 가까웠던 게 10센티미터였다.

　이보다 앞서 미국의 대표적인 프로 해리 고든이 연 60시간 25분간 160야드의 숏 홀에 도전했다. 물론 공증인도 2명 입회했다. 고든은 아침 7시부터 치기 시작해서 처음 30시간은 7번 아이언으로 쳤고, 피곤해진 다음부터는 6번 아이언으로 바꿔 쳤다.

　사이사이에 휴식 시간을 갖고 커피를 마시고 샌드위치를 먹고 피로 회복을 위해 벌꿀도 큰 병으로 한 병을 마셨다. 모두 1817개의 볼을 쳤지만 단 한 번도 홀인원에는 성공하지 못했다. 홀컵에 제일 가까이 간 것은 3센티미터였다.

　그런가 하면 1964년에 노먼 맨리라는 무명의 아마추어가 캘리포니아에 있는 한 골프장에서 친구 두 명과 함께 라운딩을 했을 때 7번 홀, 301미터의 파4에서 친 볼이 그린 앞에 떨어진 다음 그린에 튀어 올라가 그대로 컵 속에 들어갔다. 기적은 여기서 끝나지 않았다. 다음번 8번 홀, 261미터, 파4에서는 직접 그린을 향해 친 볼이 그대로 컵 속에 들어갔다. 나중에 이 사실을 알게 된 〈골프월드〉 잡지 기자가 그를 인터뷰했다. 예상과는 달리 그는 슈퍼마켓을 경영하는 깡마르고 평범한 중년 남성이었다.

"지금까지 홀인원을 한 적이 있습니까?"

"네. 여러 번."

"여러 번이라니, 정확히 몇 번입니까?"

"한 50번쯤 됩니다."

나중에 지방 신문이 도저히 믿어지지 않는 일이라는 기사를 내자, 노먼은 그 신문사에 전화를 걸어서 누군가 증인이 될 사람을 보내달라고 조용히 말했다. 노먼은 기자와 카메라맨의 입회하에 21라운드를 도는 동안에 두 번이나 홀인원을 했다.

매우 신기하게 여긴 저명한 골프 평론가 J. 브레넌이 20일 동안 그의 스윙을 관찰한 다음에 '정확성의 비밀'이라는 제목의 에세이를 발표했다. 여기 따르면 노먼은 대단한 기억력의 소유자이며, 특히 숏홀의 그린에 대해서는 작은 기폭이며 잔디의 흐름까지도 기억하고 어디에 볼을 떨어뜨리면 어떻게 굴러가는가를 순간적으로 계산할 수가 있었다.

또한 그의 스윙도 독특했다. 테이크백은 놀랍도록 작고, 폴로에서는 페이스 면을 목표를 향해 낮고 길게 치고, 오른 팔꿈치를 빼고 펀치 샷 비슷하게 볼을 치는 것이었다. 노먼은 텔레비전 방송에 나와서 이렇게 말했다.

"홀인원이 우연의 산물이라고 생각하는 것은 잘못된 고정관념이라 생각됩니다. 대부분의 골퍼들은 깃대를 목표로 삼고 어드레스를 하고 있는 듯이 보이지만 사실은 그린에 오르기만 하면 된다고 생각들 하고 있습니다. 곧 '면'을 향해 치고 있는 것입니다. 나는 내 볼이 무풍 상태일 때 땅에 떨어져서 3미터쯤 굴러간다는 것을 알고 있기 때문에 '점'을 향해 치고 있습니다."

정말로 홀인원은 이처럼 면밀히 계산될 수 있는 것일까? 그렇다면 1975년에 콜로라도에 사는 5살 소년이 103야드의 숏 홀에서 홀인원을 한 것은, 또는 1977년에 8세의 한 소녀가 홀인원을 한 것은, 그리고 또 마이애미의 한 소년이 7세 때부터 10세 때까지의 4년 동안에 해마다 한 번씩 홀인원을 한 것은 어떻게 설명해야 할까?

기록에 보면 1990년 3월 18일에 플로리다의 한 골프장에서 한 여성이 파3 홀에서 홀인원을 했다. 바로 그다음 날에도 그녀는 똑같은 홀에서 홀인원을 했다. 그녀는 앞이 거의 보이지 않는 74세의 여성이었다. 최연장자의 기록으로는 1987년에 독일의 91세 5개월의 노인이 있다.

미국의 한 기자의 조사에 의하면 홀인원의 3할은 미스 샷이었다. 가장 흔한 거리는 130야드에서 140야드 사이였다. 계절은 6월이 제일 많았고, 8월이 두 번째로 많고, 그다음이 11월이었다. 시간은 오후가 8할이었다.

보통 골퍼의 확률은 4만 3천 회의 티샷에 한 번, 1라운드에 4개의 숏 홀이 있다면 1만 750라운드당 1회의 확률이다. 여담으로 최연소 기록은 1975년 103야드 숏 홀에서 콜로라도의 한 5세 소년이 한 홀인원이다.

옛 스코틀랜드의 골프장에는 파3짜리 짧은 홀들이 많았다. 그만큼 홀인원이 나올 가능성도 컸다. 1888년의 기록을 살펴보자.

세인트 앤드류스의 8번 홀, 노스베릭의 6번 홀에서는 비둘기가 알을 깔 정도로 홀인원이 탄생했다. 그리고 홀인원을 한 사람은 페널티라고 하여 캐디에게 3실링을 주는 관례가 있었다. 그래도 흔히 나오는 일은 아니다. 그리고 우리와는 달리 홀인원을 한 사람이 한턱 내는 게 아니라 함께 라운딩한 일행이 오히려 그를 축하해주기 위해 술 한 잔을 샀다. 어쩌다 홀인원을 한 사람이 클럽하우스 안의 바에서 모두에게 술 한 잔씩 사는 경우도 있지만 그것은 극히 드문 경우다.

미국 매사추세츠 주의 볼튼 교외에 있는 인터내셔널 골프클럽의 16번 홀은 세계에서 가장 긴 숏 홀이다. 길이가 무려 270야드인 데다 그린의 총면적도 2천 평방미터나 된다. 개장한 이래 홀인원은커녕 원 온 시킨 골퍼도 몇 명밖에 안 된다. 그래서 유지 한 사람이 제안했다.

"매월 일인당 5달러씩 적립하면 어떨까? 그래서 홀인원한 사람이 적립된 돈을 전부 갖도록 하자."

7년이 지나자 적립금은 이자를 합쳐서 1만 6천 달러에 이르렀다. 1987년 가을에 회원 중 한 사람이 뒤에서 부는 바람의 도움을 받아 그린에 원 온 시키더니 볼이 그냥 컵 속에 들어갔다. 그 역사적인 순간을 기록하려고 그는 손목시계를 보기까지 했다. 그는 컵에서 볼을 꺼내 올린 순간 망연자실하고 그 자리에 주저앉았다. 혼자 플레이하던 그에게는 증인이 없다는 사실을 깨달은 것이다.

"무슨 대단한 일이라고 난리들이냐. 홀인원은 우발적인 슈퍼 샷 중의 하나에 불과하다." 해리 바든의 말이다.

홀인원,
골퍼들의 꿈

김 목사는 부활절 동안에는 골프를 치지 않겠다고 스스로 맹세했다. 그러나 어느 날 자기가 늘 좋아하던 골프장 옆을 자동차로 지나가다 도저히 유혹을 이겨내지 못하고 차에서 내려서 혼자 골프를 치기 시작했다. 그가 5번 홀을 향해 걸어갔을 때 천국에서 천사장 가브리엘이 그를 발견하고 당장에 하느님에게 보고했다.

"참으로 괘씸한 놈이 아닙니까?"

"저런 자에게는 벌을 톡톡히 내려줘야 할 것이다. 다음 홀을 잘 봐라. 내게 좋은 생각이 있다."

5번 홀은 560야드의 긴 코스였다. 목사의 드라이버 샷은 나무랄데 없이 멋들어진 것이었다. 볼은 300야드를 날아가더니 바위에 맞아서 100야드를 더 튀어 나갔다. 그러고는 또 나무에 맞고 그대로 그린 위에 올라가서 대굴대굴 굴러서 홀컵 속에 빨려 들어갔다.

"주님, 저게 부활절 맹세를 깬 자에 대한 벌입니까? 560야드의 홀인원이라니!"

"그렇다. 골프 사상 두 번 다시 있을 수 없는 샷이지만, 그걸 누구한테 자랑할 수 있겠으며 누가 또 그 말을 믿겠느냐?"

조선일보에서 나와 한 사무실에서 칼럼을 쓰던 고 이규태 씨는 골프를 시작한 지 반년도 못 되어 홀인원을 했다. 그때 그의 핸디는 30이 훨씬 넘었다.

그가 어설프게 친 볼은 그린 앞에 있는 못에 떨어졌다. 볼은 물속에 가라앉는가 하더니 수면 위에서 서너 번 춤추듯 튀고서 그린 위로 올라가서 그대로 홀컵 속으로 굴러 들어갔다. 신기한 얘기는 여기서 끝나지 않는다. 반년인가 후에 그는 또 홀인원을 했다. 또 한 친구는 그린 곁에 놓여 있던 갈퀴에 정통으로 맞은 볼이 튀어서 홀컵 속에 들어갔다. 어떻든 기막힌 홀인원이었다. 그런 얘기들을 들으면 홀인원이란 기술만 있다고 되는 것은 아닌 게 분명하다.

골프를 하는 전날 밤에는 흥분한 나머지 곧잘 골프에 관한 꿈을 꾼다. 그러나 이상하게도 홀인원을 하는 꿈들은 없다. 대개가 홀인원할 뻔한 장면들만 나온다. 심리학자의 해석에 의하면 홀인원을 할 뻔한 꿈은 홀인원으로부터의 '본능적 도피'의 결과라고 한다. 홀인원을 하고 싶은 생각은 굴뚝같지만 홀인원을 했을 때 한턱 내야 하는 비용이 생각만 해도 끔찍스러워서 그런다는 것이다.

역사상 최초의 레슨 책을 썼다는 월터 심프슨은 "홀인원은 단순한 슈퍼 샷의 하나일 뿐이다"라고 말했다.

홀인원 하기에 최선의 시간대는 아침 일찍 골프를 시작하고, 증인이 2명 정도로 적고, 또 점심시간 전에 클럽하우스에 돌아오는 것이라고 한다. 그래야 한턱 내는 돈이 적게 들기 때문이다.

우연이든 아니든 보통 골퍼들의 꿈은 단 한 번이라도 홀인원을 해보는 것이다. '운이 좋아서'라고 비웃는 사람의 마음속을 들여다보면 부러움과 질투심으로 가득 차 있는 게 틀림없다.

보다 높이, 보다 멀리,
보다 정확히!

퍼팅이 잘될 때에는 나의 퍼팅 솜씨가 늘었기 때문이라고 생각한다. 잘 안 될 때에는 퍼터 탓으로 돌린다. 드라이버도 마찬가지다. 물론 나만 그런 게 아니다.

어느 날 뉴욕의 맨해튼에 사무실을 둔 변호사 짐 사이먼이 골프 잡지의 광고에 눈길이 끌렸다. 새로 나온 7번 우드는 '보다 높이, 보다 멀리, 보다 정확히'라는 광고 문구가 눈에 띄었다. 샤프트가 길기 때문에 잡기에 따라 보통 사람이라도 쉽사리 160야드에서 200야드의 거리를 조절할 수 있다는 것이다. 평소에 롱 아이언을 잘 치지 못하는 그에게는 다시없는 무기가 될 것 같았다. 값이 문제가 아니었다.

당장에 골프용품점에 달려가서 새로 나온 그 '꿈의 무기'를 구입했다. 그가 사는 순간에도 여러 사람이 사고 있었다. 다음 날 뉴욕 교외의 필드에 나가자마자 그는 골프 친구들에게 신무기를 보여주며 자랑했다.

"오오, 역시 자네도 샀군그래."

"나도 사고 싶어 하던 참이다. 어디 좀 구경이나 시켜다오."

친구들의 말을 들으면서 그는 더욱 흐뭇해졌다. 드디어 그의 신무기가 진가를 발휘할 기회가 왔다. 그의 첫 드라이버 샷은 러프에 들어갔다. 러프에서 그린까지는 190야드 남짓 되었다. 예전 같으면 싫어도 롱 아이언을 써야 할 판이었다. 그는 캐디백에서 새로 산 7번 우드를 빼 들었다. 보기만 해도 믿음직한 클럽이었다. 그는 만전을 기하기 위해 서너 번 가볍게 빈 스윙을 해본 다음에 크게 원을 그리며 힘껏 후려쳤다. 그러나 볼은 엉뚱하게도 왼쪽으로 날아갔다.

"자네, 그 클럽은 오늘 처음 쳐보는 거지?"

"그래."

"그러니 당연하지. 누구나 첫 타부터 잘 칠 수는 없는 법이지."

이렇게 친구들의 위로를 받으면서 다음 홀로 이동했다. 이번에도 페어웨이에서 신무기를 쓸 기회가 왔다. 그러나 이번에는 헤드의 앞 끝에 볼이 맞고 오른쪽으로 날아간 게 아니라 튀어 나갔다. 거리도 겨우 100야드 정도였다.

"이 클럽은 나에게 맞지 않는가 보다."

그 변호사는 이렇게 말하면서 구겨진 체면을 애써 살리려 했다. 4

번 홀은 연못을 넘어가는 190야드 거리의 아름다운 홀이었다. 변호사는 3번 우드를 쓸까 하다 너무 잘 맞으면 그린 오버를 할 것이라는 생각이 들었다. 그는 신무기를 꺼내면서 중얼거렸다.

"너에게 한 번 더 기회를 주겠다. 정말로 이게 너의 마지막 기회다."

그는 클럽을 힘껏 휘둘렀다. 그러나 뒤땅을 치고 풀과 함께 날아간 볼은 연못 한가운데로 빠졌다.

"이놈이 사람을 끝까지 망신시키는군!"

이렇게 외치면서 그는 클럽을 연못에 던져버렸다.

그의 일행 중에는 과학 칼럼니스트 틸 게일이 있었다. 그는 그 변호사의 양해를 얻은 다음에 못 속에서 단 3번밖에 쓰지 않은 '꿈의 신무기'를 건져내고 기쁨에 넘치는 표정으로 자기 캐디백 속에 넣었다.

그는 나중에 1936년에 US아마 선수권 대회 우승자 존 피셔를 찬양하는 글에서 이렇게 썼다.

"그는 20세 생일날에 장거리 트럭 운전사인 아버지로부터 3번 우드 하나를 선물로 받았다. 우승 소감에서 그는 그 3번 우드를 제대로 익히는 데 7년의 세월이 걸리고, 이제 마침내 우승 트로피를 손에 넣을 수 있게 되었다고 말하였다. 그도 클럽 하나를 손에 익히기까지 7년이 걸렸다. 그런 것을 산 다음 날 불과 서너 번밖에 쳐보지도 않고 모든 것을 클럽의 책임으로 돌린다는 것은 오만의 극치다."

이런 얘기는 또 어떻게 받아들이는 게 좋을까? 정치 칼럼니스트로 유명한 빌 라일리가 그날따라 유달리 긴 퍼트를 신들린 사람처럼 잘 쳤다. 그린을 함께 돌던 친구들이 장난기가 동해서 그의 퍼터를 숨기고는 전 홀에 잊고 왔다고 주장했다.

"자네 퍼터와 아주 비슷한 퍼터를 여분으로 한 개 갖고 있으니까 그거라도 써보는 게 어떻겠나?"

그러면서 친구들이 그에게 퍼터를 하나 빌려주었다. 물론 그것은 라일리 본인이 잊었다는 퍼터였다. 그런데 그것을 쓴 다음부터 그의 퍼팅이 엉망이 되었다.

"모양은 비슷한데 뭔가 달라. 도저히 이것으론 퍼팅을 제대로 하지 못하겠다."

친구들의 장난은 18홀이 끝난 다음에야 들통이 났다.

차라리
눈을 감고 쳐라

제임스 번즈가 어느 골프 잡지에 다음과 같은 특이한 연습법을 가르쳤다.

"마음을 가라앉히고 셋업을 한다. 페이스는 목표와 직각으로 맞추고 나서 나의 경우는 왜글^{waggle, 클럽을 가볍게 움직이는 준비 동작}을 세 번쯤 한다. 이러면 준비가 끝난다. 다음에는 충분히 상반신을 비틀고 서두르지 말고 목표 방향으로 클럽헤드를 던지는 기분으로 휘두르기만 하면 된다. 볼과 시선과의 거리를 확인한 다음 나는 눈을 감는다.

눈을 감지만 볼은 보름달처럼 믿기지 않을 만큼 커져서 눈 밑에서 빛난다. 이런 볼을 치는데 무슨 문제가 있겠는가? 다음은 얼굴의 위치가 틀어지지 않도록 조심하면서 매끄럽게 휘둘러 나가기만 하면 된다."

그는 눈을 감고 치는 것을 '다크니스 샷'(어둠의 샷)이라고 표현했다. 연습 때가 아니라 실제 프로 골프 대회의 우승을 가리는 마지막 날에 눈을 감고 친 무명이나 다름없는 골퍼가 있다. 그가 강력한 우승 후보자들을 제치고 우승하자 어떻게 긴장을 이겨낼 수 있었느냐고 한 기자가 물었다. 그는 주저 없이 대답했다.

"어드레스할 때만 눈을 뜨고 스윙할 때에는 모든 홀에서 눈을 감고 쳐나갔습니다. 퍼팅할 때만 빼놓고요."

어드레스에서 퍼팅까지의 기본 포인트는 다음과 같다.

첫째, 어드레스할 때에는 들뜬 기분으로 있어서는 안 된다.

둘째, 어드레스가 끝나면 불안과 긴장이 스며들기 전에 빨리 쳐라. 망설이지 말라.

셋째, 벙커 샷은 과감하게 하라.

어드레스할 때는 차분한 마음 상태가 중요하다. 발과 허리에 에너지를 가득 채우고 차분히 볼과 마주한다. 볼과 시선과의 거리를 확인하고 나면 그 순간 나는 눈을 감는다. 눈을 감아도 잔상이 뚜렷하게 보인다. 요는 조용히 호흡할 수 있는 상태라야 한다. 그런 다음 얼굴의 위치가 빗나가지 않게 조심스럽게 부드럽게 스윙하면 된다.

넷째, 퍼팅은 드라이버와는 달리 연습하면 할수록 정비례해서 솜씨가 는다.

퍼팅 솜씨도 절로 느는 게 아니다. '로의 법칙'을 만들어 낸 로는 몇 시간이고 퍼팅 연습을 했다. 퍼팅도 타고난 재능이 있어야 하는 것인가 보다. 90세가 지난 다음에도 레슨 프로로 활약했던 하비 페닉이 이런 말을 했다.

"퍼팅을 잘하는 사람에게는 델리캐시^{delicacy}라는 게 있다. 델리캐시의 반대는 무신경이지만 이건 범죄다. 그러니까 음식도 퍼팅을 잘하는 사람과 함께 먹어라."

퍼팅을 잘하는 사람은 관찰력이 날카롭고 직관이 뛰어나고 상상력이 풍부하고 결단력도 있어야 한다는 것이다.

게리 플레이어를 키우다시피 한 퍼팅의 달인 보비 로크도 "퍼팅의 비결은 목표를 너무 오래 노리지 않는 것이다. 직감으로 결정한 라인을 소중히 여기고 대체적인 방향을 맞춰서 볼을 치면 된다"라고 강조했다.

이렇게 말하기는 쉽지만 실제로는 그렇게 쉽지 않다. 초보자일수록 퍼트 라인을 보면 볼수록 망설임만 는다.

골프 룰
제대로 지키기

우리가 죄를 저질렀다고 하자. 재판에서는 정상을 참작해서 형량을 감해주는 경우도 있고 집행유예를 하는 경우도 있다. 골프 경기에서는 실수로 기록을 잘못해도 전혀 눈감아주지 않는다. 사인을 깜박 잊어도 안 된다.

1966년의 펜사콜라오픈이 플로리다에서 열렸을 때였다. 플로리다 지방의 인기 프로 선수인 더그 샌더스는 셋째 날 2위를 4타 차로 따돌리며, 수위로 끝낸 채 스코어 카드 제출소로 걸어갔다. 그러자 열광한 지방 팬들이 사인해달라고 몰려들었다. 악수를 청하는 팬들도 헤아릴 수 없이 많았다. 간신히 팬들로부터 빠져나와 언론 인터뷰를 하고 있는데 경기 위원장이 나타나서 "당신은 실격!"이라고 선언하는 것이었다. 그는 자기 스코어 카드에 사인하는 것을 깜박한 것이었다.

그가 규칙을 어긴 것은 틀림없지만 그렇다 해도 너무나도 비정한 경기위원회의 결정이었다.

한 조사 기관에 따르면 최악의 룰 위반 10개 가운데 으뜸은 "지금 몇 번 클럽을 썼니?" 하고 묻거나, "자넨 너무 오른쪽을 보고 있다"고 가르치는 것이란다. 두 번째는 카트 도로에서 볼을 드롭할 때 되도록 가깝고 유리한 장소를 선택하려고 하는 것이다. 세 번째가 워터 해저드에 볼이 들어갔을 때의 처리 방법을 잘 모르는 것, 네 번째가 스트로크에 방해가 된다면서 나뭇가지를 꺾는다든가, 볼의 앞뒤를 밟으면서 '라이의 개선'을 하는 행위다. 따라서 잔디에 있는 신발의 긁힌 자국도 손봐서는 안 된다는 의미다.

다섯 번째는 로스트 볼의 대처 방법이 잘못된 것이다. 즉 볼을 잃었다고 여겨지는 장소 근처에서 1벌타를 받고 드롭하면 안 된다. 반드시 원위치로 돌아가서 다시 쳐야 한다는 것이다. 티샷의 경우에는 티잉 그라운드로 돌아와서 '잠정구'를 친다. 시간을 절약하기 위해서다. 그 이하는 생략하겠다. 룰을 몰라서 위반했다 해도 벌 받기는 마찬가지다.

이런 일도 있었다. 1974년 브리티시오픈에서의 일이다. 수위 그룹에 들어 있는 토니 재클린이 친 볼이 토끼집 구멍 속에 들어갔다. 그래서 그는 잠정 룰에 따라 볼을 2클럽 거리 안에 드롭했다. 볼은 경사면을 굴러 내려가서 치기 좋은 장소에 멎었다.

그 자리에서 다시 친다면 '자기에게 유리하게 치지 않는다'는 골프 정신에 위배된다. 이렇게 판단한 그는 볼을 들어 올리고 다시 드롭했다. 이것을 보고 경기 위원은 그에게 2벌타를 먹였다. 룰에 의한다면 최초에 드롭한 볼로 게임을 진행해야 한다는 것이었다.

골프정신에 충실하려 한 사람과 그런 사람에게 2벌타의 벌점을 준 경기 위원과 어느 쪽이 골프정신에 더 충실한가?

"나는 도저히 이 결정을 받아들일 수 없다."

이렇게 생각한 그는 결국 골프에 대한 정열마저 잃게 되었다.

얘기가 나온 김에 룰의 부조리와 모순을 보여주는 예를 또 하나 들어보겠다.

1940년 US오픈에서 일어난 일이다. 마지막 날, 비바람이 거세어지자 두 팀이 경기 위원과 상의 끝에 정규 스타팅 시간을 앞당겨서 티오프했다. 뒤늦게 이를 안 또 다른 경기 위원이 앞으로 나간 두 팀에게 돌아오라고 명령했다. '골프에서는 지각도 용납되지 않지만 약속시간 전에 스타트하는 것도 중대한 룰 위반이다. 그러니까 결정을 내릴 때까지 대기하고 있으라'는 것이었다.

이렇게 옥신각신하는 동안에 또 다른 경기 위원이 비바람이 세기 때문이라면서 별도의 팀을 스타트시켰다. 결국 '정규 시간을 따르지 않았다'는 벌로 앞서 나갔던 세 팀 6명이 모두 실격당했다. 억울해도 하는 수 없었다. 결정권은 경기 위원들이 쥐고 있는 것이다.

그들에 비한다면 교통사고로 티오프 시간에서 7분 지각해서 1980

년의 US오픈을 놓친 세베 바레스테로스의 불행은 아무것도 아니다.

만약 경기 위원이 잘못한다면? 룰은 골프정신을 지키기 위해 있다. 룰이 없다면 골프장은 난장판이 될 게 틀림이 없다. 그렇다고 해서 그런 룰이 스포츠 정신에 우선해도 되는가? 언젠가 아놀드 파머와 잭 니클라우스를 위해 규정을 바꾼 때가 있었다. 그래서 도대체 누구를 위한 룰이냐고 항의 기사를 쓴 기자도 있다.

1968년의 US오픈 첫날에 존 슐리가 볼을 연못에 빠뜨렸다. 슐리가 다시 치는 지점에 대해 위원이 잘못 지시했다. 이 때문에 그는 벌타를 추가로 받아야 했다. 나중에 위원은 개인적으로 사죄했다. 그러나 슐리의 스코어는 고쳐지지 않았다. 그것은 다음과 같은 규칙에 따르는 것이었다.

'위원회로부터 위임받은 심판이라면 그의 결정은 최종적인 것으로 인정된다.'

당신의 골프 선생은
누구입니까?

"핸디 20의 사람에게 골프를 배운 사람은 아무리 노력해도 핸디 19가 되지 못한다." ―스코틀랜드 속담

"최초에 누구에게 골프의 기본을 배우느냐. 이 선택이 당신의 장래를 결정합니다. 이것은 누구와 결혼하느냐, 어디에 취직하느냐하는 인생의 기로에 섰을 때의 선택과 마찬가지로 중대한 문제라 생각합니다."

미국 여자 프로의 슈퍼 레이디 패티 버그가 1975년 4주 동안 방송하던 CBS 특별 프로에서, 골프를 누구한테서 배우느냐가 얼마나 중요한가를 이렇게 설명했다.

"지나친 비유처럼 들릴지 모르지만 어떻든 골프는 수명이 긴 스포츠이며, 앞으로 몇십 년이고 플레이를 계속할 '나'를 상상해보세요. 만약에 출발을 할 때 '스승'이라고 부를 인물의 선택을 잘못 한다면 이 위대한 게임에 깃들어 있는 에스프리(영지)도 맛보지 못하고 당신의 인생 또한 삼류로 끝날 것입니다.

골프는 기술이 절반, 정신적 요소가 절반입니다. 이 두 개를 같은 템포로 터득하지 못하면 결국에 가서는 단 한 번도 만족스럽게 볼을 치지 못하게 됩니다. 연습장에서 덮어놓고 많이 치기만 하면 된다고 생각하는 사람이 많지만 이것은 결승점을 등지고 달리는 주자와 같으며 치면 칠수록 서툴러지기만 합니다.

좋은 선생을 만나면 기술과 정신의 양면을 동시에 다지고 당신을 무사히 결승점으로 이끌어줍니다. 그러면 어디에서 좋은 선생을 만날 수 있느냐?

그 대답은 매우 어렵군요. 그저 모든 정보를 다 동원해서 경력이 풍부하고 정신적으로 원숙한 사람을 찾는 것입니다. 그리고 그런 선생에게 성의를 다해서 겸허하게 가르쳐달라고 부탁하는 것입니다. 그 선생이 인생의 태반을 골프 속에서 살고, 그러면서도 시인다운 기질을 잃지 않고 온후한 인품의 소유자라면 더할 나위 없이 좋습니다. 이런 사람을 만난다면 당신은 카지노에서 대박을 만나는 것 이상으로 복이 많다고 할 수 있습니다. 행여 '이래라저래라'고 독단적인 지시만을 하기 좋아하는 경솔한 사람의 밥이 되지 않도록 조심하세요."

레슨 프로로 유명한 하비 패닉이 1992년에 《Little red book》이라는 레슨 책을 내놓았다. 그것이 단숨에 150만 부가 팔리자 다음 해에 속편을 내놓았다. 이것도 100만 부를 돌파했다. 그 책 속에 볼을 칠 때 볼의 어디를 봐야 하느냐는 글이 나온다.

"뒤에서 볼을 보면 혹이 나기 쉽고, 꼭대기를 노려보면 토핑이 나기 쉽다. 당신은 사람을 볼 때 어디를 보는가? 눈, 코, 아니면 입? 사람들은 이런 것들이 전부 있는 줄은 알아도 어느 한 부분만을 응시하지는 않을 것이다. 사람을 볼 때 우리는 상대방의 한 부분이 아니라 전부를 본다. 볼의 경우도 마찬가지다."

하비 패닉은 70년이 넘도록 레슨 프로 생활을 했다. 그는 91세에 죽기 반년 전까지도 간호사가 운전하는 카트를 타고 코스를 돌면서 원 포인트 레슨을 해주기도 했다.

자기 스윙을 하는 게 중요하다

"스윙이란 클럽을 들었다 내리는 것. 그것은 3초 정도로 끝나는 동작일 뿐이다. 그런 것을 너무 이것저것 세세한 것에 얽매이면 전체의 리듬이 무너져서 발전에 지장을 준다." ─ 헨리 파니

헨리 파니라는 인쇄업을 하는 작가가 쓴 골프 교본에 나오는 구절이다. 아마도 이것이 골프의 교본으로는 처음 나온 책일 것이다. 그후 반세기가 넘도록 제대로 된 골프 교습서는 나오지 않았다. 그러고 보면 역사에 남는 골프의 거인들은 대부분이 책으로 골프를 배우지 않았다. 그것은 제대로 된 골프 레슨 책이 없었기 때문이 아니었다.

백만 부를 돌파한 베스트셀러 《베스트 골프》의 저자 토미 아이마는

다음과 같이 말했다.

"골프는 모양새가 아니다. 자기 나름대로 연구하고 볼의 중심을 맞히는 것일 뿐이다. 만약에 교습서가 정말로 도움이 된다면 100권을 읽고 나면 프로가 될 수 있어야 할 게 아닌가."

한때 나는 자기 전에 반시간 정도씩 골프 책을 읽었다. 그러기를 1년이 지나도 나의 골프 솜씨는 조금도 늘지 않았다. 잭 니클라우스도 여기에 동감하면서 다음과 같이 말했다.

"사람에게 스윙을 가르친다는 것은 어린애에게 헌법을 가르치는 것보다 더 힘들다. 더욱이 제대로 가르치려면 스윙 이론의 원점에서 시작해서 한 번의 원주 운동에 필요한 200개 이상의 관절과 근육의 움직임까지 잘 알고 있어야 한다.

그런데 많은 교수들은 골프 기술의 겉 핥기를 설명하는 데 지나지 않는다. 그들이야말로 경멸해야 할 존재인데도 아직까지 유죄 판결을 받은 자가 없다는 게 참으로 유감스럽다."

골프를 책으로 배울 수 없는 것은 골프가 샷만 잘한다고 되는 게 아니기 때문이다. 샷 또한 단순히 몸에 익히기만 한다고 되는 기술이 아니다.

D. B. 왓슨에 의하면 게임의 주역은 두뇌와 심장이다.

"볼을 많이 치면 그 기억이 근육에 남는다고 믿는 사람이 많다. 소위 근육의 기억이라는 것이다. 그러나 근육에 기억력이 존재할 수는 없다. 근육은 두뇌 및 조건반사에 의해서만 움직이는 것이다. 따라서 연습의 목적은 두뇌와 근육 사이에 번개처럼 빠른 회로를 만드는 데 있다. 그리고 연습을 많이 쌓아 올림으로써 무의식의 회로가 완성되어나가는 것이다.

초보자란 그 회로가 존재하지 않는 상태이며, 보통 골퍼란 회로가 가늘거나 도중에 끊긴 상태다. 그리고 상급자란 생각할 틈도 없을 만큼 완벽하게 회로가 완성된 사람을 뜻한다."

따지고 보면 이 세상에는 똑같은 얼굴도 없다.

"몇천만 명이나 되는 얼굴 중에서 똑같은 얼굴이 하나도 없다는 것은 인류 공통의 경이가 아니겠는가?"

이렇게 영국 토마스 브라운이라는 영국 의학자가 감탄했지만 체격, 체력, 성격, 지능이 같은 사람도 하나도 없다. 당연히 생활 스타일이며 취향이 똑같은 사람이란 있을 수 없다. 그런 사람들이 똑같은 스윙 스타일을 갖는다는 것도 불가능한 일일 것이며, 똑같은 스타일을 모든 사람이 갖는다는 것도 불합리한 일이다.

1979년의 브리티시 주니어 선수권과 1980년의 브리티시 아마 스트로크 선수권에서 우승한 로난 라파티의 스윙은 그립부터가 엉망이었다. 그것을 이상하게 여긴 미국의 유명한 프로 골퍼가 정통적인 그립법을 가르치려 했다. 그러자 로난이 단호하게 말했다.

"나는 이래도 잘하고 있는데 왜 깨려 합니까? 남의 일에 참견하지 마세요!"

이 사실이 신문을 통해 알려지자 온 아일랜드인들이 기뻐하면서

"우리들의 골프가 살아 있다!"고 환호했다.

스윙은 아무래도 체격이며 체력, 또는 습관에 따라 편차들이 생긴다. 키가 크지 않고 체력도 강하지 않은 사람에게는 업라이트 스윙은 힘들다. 싱글 플레이어인 조선일보의 방상훈 사장은 좌우 발을 일직선상에 놓는 정확한 클로스 스탠스에 업라이트 스윙을 한다. 반면에 삼양통상의 허남각 회장은 여덟팔 자로 양쪽 발을 벌려놓고 있다. 부드럽게 힘들이지 않고 백스윙과 폴로 스루를 할 수 있게 하기 위해서다.

삼성의 창업자 이병철 회장의 스윙 스타일은 매우 독특했다. 그것은 3단 로켓 발사와 같은 것이다. 우선 클럽 헤드를 수평으로 들어 올릴 때까지가 1단계, 클럽을 머리 위로 올리는 게 2단계. 여기서 한숨 모으고 난 다음에 힘차게 드라이버를 내리친다. 그것은 단계적 가속화로 약한 힘을 커버하기 위한 독특한 스윙법이었다. 클럽을 들어 올리면서 머리 위까지 올라가는 곡선이 연속적인 게 아니라 마치 로켓이 발사해서 3단계로 추진력을 얻듯 중간에 두 번 단속적으로 클럽을 들어 올리는 버릇이 있었다. 그에게도 단 한 번 홀인원의 기록이 있다.

플레이가 가장 빠른 것은 금호의 박성용 회장이다. 티잉 그라운드에 올랐다 하는 순간 클럽을 휘두른다. 그가 모는 카트 전동차는 옆에 앉아 있기가 무서울 정도였다. 주미 대사였던 고려대학교의 한승주 교수는 팔목의 약한 힘 때문인지 베이스볼 그립을 한다.

중요한 것은 자기 조건에 어울리는 스윙 자세를 찾아내는 일이다.

레슨 책에서 가르치는 스윙은 어디까지나 이상형일 뿐이지, 모든 사람에게 어울리는 것은 아니다.

보비 존스가 〈아메리칸 골퍼〉에 연재한 칼럼 중의 하나에 이런 말이 나온다.

"당신은 500야드나 볼을 날리고 싶은가요? 당장에라도 그런 환상에서 벗어나서 무리하지 않고 할 수 있는 자기의 비거리를 알아내고, 그 거리로 자기 나름의 골프를 꾸려나가세요. 골프는 여기서부터 시작됩니다. 볼을 세게 치려는 의식이 당신의 골프를 무너뜨리고 있는 것입니다. 볼은 고무, 클럽은 쇠, 따라서 클럽을 원활하게 휘두르기만 해도 볼은 문제없이 날게 되어 있답니다."

한마디로 자기 분수를 알고 자기 능력에 맞는 스윙을 찾아내는 게 중요하다.

"당신의 발전을 가로막고 있는 것은 허영이다. 겸허하게 자기의 한계를 자각함으로써 오히려 발전이 촉진된다."

돈 저니어리의 말이다.

스윙할 때
헤드업을 하지 마라

김승학 씨와 함께 몇 번인가 레슨 라운딩을 하는 동안에 그는 단한 마디도 이래라저래라 말하는 법이 없었다. 그는 어색하게 휘두르는 나의 스윙을 보면서 나중에 한다는 말이 "그냥 마음 놓고 휘두르세요. 그 공이 어디 갑니까? 다 이 골프장 안에 있지요" 하는 것뿐이었다.

그는 나에게 스윙을 가르쳐주지는 않았지만 즐겁게 골프를 치는 법을 가르쳐주었다. 이론을 빼고 그냥 자연스럽게 클럽을 휘두르면 된다는 것이었다. 그거야 하나도 어려운 일이 아니다. 그러면서도 그가강조한 것 가운데 하나는 헤드업을 하지 말라는 것이었다.

목사님이 자기 교회의 한 신자로부터 골프 초대를 받았다. 신자는 볼 앞에서 스탠스를 취한 다음에 목사님에게 농담 삼아 말했다.

"기도를 하면서 볼을 쳐보겠습니다."

그러고는 스윙을 크게 했지만 허탕을 치고 말았다.

"기도까지 했는데 골프의 세계에서는 기도가 안 통하는가 보죠?"

목사님이 신자에게 충고했다.

"다음부터는 기도를 할 때에는 절대로 고개를 들지 말아요."

이런 유머도 있다. 골퍼가 물에 빠져서 캐디에게 "살려줘요, 나 빠져 죽어요"라고 외치자 곁에 있던 캐디가 "걱정 마세요. 선생님은 결코 빠져 죽을 염려가 없습니다. 빠져 죽을 만큼 오랫동안 고개를 수그리고 있지를 못할 테니까요"라고 능청을 떨었다.

1883년 브리티시오픈의 우승자 윌리 파니는 늘 다음과 같이 제자들에게 일렀다.

"모든 원인은 머리에 있다. 머리가 정지한 스윙은 아름답고 또한 타구는 정확하게 날아간다. 어깨가 어쩌니 손이 어쩌니 까다롭게 말하는 사람도 있지만 머리만 고정되어 있으면 충분하다. 골프는 머리를 고정시키는 것부터 배우면 실력이 빨리 붙는다."

1920년대에 미국에서 가장 인기 있던 여류 골퍼는 그레나 콜렛이었다. 키가 165센티미터에 체중 55킬로그램밖에 안 되는데도 비거리가 307야드나 나갔다. 어느 대중 잡지의 '애인으로 삼고 싶은 여성을 꼽으라'는 설문조사에서 1위로 오르고 영화계에 스카우트되기도 했던 그녀가 이런 말을 했다.

"많은 선배님들이 힘을 빼라, 천천히 휘두르라고 충고하지만 골프에서는 이 두 가지가 가장 어려운 과제입니다. 그러고 보니 당신의 두 팔에는 힘이 너무 들어가 있습니다. 어깨에 힘을 빼야 비로소 골프나 인생에서 어엿한 어른이 됩니다."

미국에 그레나가 있었다면 영국에 캐시 위트워스라는 여자 골퍼가 있다. 1939년 태생의 그녀는 1985년에 은퇴할 때까지 투어 88승, 그 중에는 메이저 6승이 들어 있다. 8번 LPGA의 상금 왕 자리에 오르고, 연간 최우수선수상을 7번이나 받고, 베어 트로피도 7번 수상했다. 골프의 전당에도 물론 들어 있다. 그런 그녀의 말이라면 믿고도 남음이 있을 것이다.

"남성에게는 공통적인 결점이 하나 있습니다. 남성은 어깨에서 손목에 이르는 모든 근육에 힘을 주고 클럽을 쥐는 경향이 있습니다. 여성보다 훨씬 힘이 있는 남성은 아무래도 파워에 의지해서 볼을 날리려고 합니다. 그러나 이 근육질의 팔이야말로 발전의 적이며, 경직된 팔에서는 아무것도 나오지 않습니다.

팔꿈치에 유연성을 갖고, 헤드를 낮게 끄세요. 클럽의 솔이 풀에 닿는 소리가 날까 말까 할 정도로 해보세요. 팔이 굳어 있으면 안 됩니다. 대담하게, 유연하게, 더 유연하게……."

이렇게 그녀는 자기가 운영하고 있는 골프 학교에서 학생들에게 충고했다.

빈 스윙 연습이
최고다

보비 존스 못지않게 영국인들이 자랑하는 아마추어 골퍼가 있다. 그 이름은 존 볼. 브리티시아마 선수권에서 9번이나 우승하고, 아이리시오픈 우승이 3회, 1890년에는 브리티시오픈도 우승했다. 이때까지 있었던 35회의 대회 우승자들이 모두 스코틀랜드인이었는데, 잉글랜드인으로는 그가 처음으로 우승했던 만큼 잉글랜드 사람들이 얼마나 그를 국민적 영웅으로 떠받들고 있는지 짐작할 수 있을 것이다. 그는 1902년부터 10년 동안 영국 아마추어 팀의 주장 노릇을 하고, 스코틀랜드 측이 "너무 강하다"며 기피했던 존재였다.

"역시 골프는 빈 스윙 연습이 최고다. 끈기 있게 빈 스윙을 반복하면 누구라도 우수한 솜씨를 갖게 된다. 볼을 땅 위에 놓으면 치는 것에만 열중하고 올바른 스윙은 저버리게 된다. 스윙만 정확하면 반드시 좋은 결과를 얻게 되는 게 골프다. 볼은 빈 스윙의 끝막음에 조금만 치면 된다."

이것이 그의 평소 지론이었다.

어릴 때부터 골프 연습을 할 때에도 빈 스윙에 1시간, 실제로 볼을 치는 것은 그 절반인 30분만 했다. 그가 처음으로 브리티시오픈에 출전한 것은 15세 때였다. 그는 난다 긴다 하는 어른들 틈에 끼어 당당히 12위를 했다. 전례가 없는 일이라 대회 본부에서는 어린 그에게 상금을 줘도 좋은지 어떤지 의견이 갈라졌다. 한 위원이 소년에게 물었다.

"만약에 상금을 받게 된다면 그 돈을 뭣에 쓸 작정이니?"

"엄마에게 맡겨두었다가 책을 사는 데 쓰겠습니다."

그는 시합을 앞두고는 연습 때에도 빈 스윙 연습을 중점적으로 했다. 그런 그가 1900년에 의용병으로 남아프리카 전선에 나가게 되었다. 그는 1년 반에 걸친 전투 생활 중에도 빈 스윙 연습만은 거르지 않았다.

"다행히도 상관을 비롯하여 부대원 전원이 골프를 좋아했기 때문에 나는 어디를 가나 총과 함께 골프채를 메고 걸었다. 골프와 하느님은 언제나 나와 함께 있었다."

그는 50세 때 9번째로 브리티시아마 대회 우승을 하고 60세가 되도록 현역 선수로 활약했다. 그 비결을 그는 이렇게 말했다.

"어떻게 하면 항상 정확한 샷을 할 수 있는가를 머리로 아무리 궁리해도 답은 나오지 않는다. 그래서 빈 스윙을 반복해서 좋은 감을 잡으면 그것을 코스에서 재현하는 것뿐이다. 좋은 스윙이라는 것은 절대로 나이를 먹는 게 아니다."

브리티시오픈에 5승하고 14년 동안 한 번도 베스트5 이하로 떨어진 적이 없던 제임스 블레이드는 이렇게 말했다.

"1주일에 한 번 정도 연습을 하면 발전을 바라기가 어렵다. 이틀에 한 번쯤이라면 다소 기대를 걸 수 있다. 만약에 정말로 늘고 싶으면 매일 쳐야 한다."

이것은 물론 골프가 그만큼 어렵다는 얘기다. 또 덮어놓고 손바닥에 물집이 잡히도록 스윙 연습만 한다고 좋은 것은 아니다. 한번은 김승학 씨에게 연습 없이 스코어를 줄일 수 있는 비법은 없느냐고 물은 적이 있다. 그는 아무 말 없이 그냥 빙그레 웃어넘기기만 했다.

어디선가 들은 풍월이지만 이상적인 스윙은 원을 크게 그리는 것이라고 한다. 그래야 원심력이 제대로 발휘된다는 것이다. 이제 와서 돌이켜 생각해보니 SK 최종현 회장의 드라이버 스윙이 그리는 원은 살짝 일그러진 타원이었다. 아마 그래서 그의 팔 힘에 비해 비거리가 덜 나갔던 것 같다.

1883년의 브리티시오픈의 우승자 윌리 파니는 늘 이렇게 말했다고 한다.

"클럽헤드로 아름다운 원을 그리려면 아름다운 동작이 필요하다.

헤드로 아름다운 원을 그려라."

볼을 놓고 연습을 할 때에도 볼이 없다 생각하고 스윙을 하라. 그럴 때 만약 몸이 흔들거리면 그것은 힘이 너무 들어간 증거다.

젊은 시절의 기억을
지워버려라

한 10년 전까지만 해도 한 해가 멀다 하고 비거리를 늘리고 똑바로 날릴 수 있다는 광고 문구과 함께 신무기들이 등장했다. 그럴 때마다 나는 새 클럽을 샀다. 그러나 아무리 신무기가 신통력을 가지고 있다 해도 세월을 막지는 못한다. 그러면 나이에 맞게 스윙을 바꿔보는 것도 한 방법이다. 토미 아머, 벤 호건, 빌리 캐스퍼와 같은 명인들도 50대에 이르러 스윙을 개조했다. 토미 아머는 자기 스윙을 분석한 다음 이렇게 말했다.

"잃은 것(비거리)을 안타까워해도 소용이 없다. 지금 있는 능력을 어떻게 활성화시키느냐, 중년 이후의 과제는 이것뿐이다. 언제까지나 젊을 때의 스윙을 고집하고 있으면 비참한 결과로 끝나게 될 것이다."

왕년에 대한 미련은 빨리 버려라. 그렇지 않으면 그 미련이 오늘의 발목을 잡고 환상에 눌리게 된다.

한 나이 든 골퍼가 전문 프로에게 진단을 요청했다. 프로는 그에게 100번 정도 볼을 치게 한 다음 이렇게 진단을 내렸다.

"당신의 복근이 늘어져 있습니다. 어드레스 단계에서 복근을 꽉 조이고 스윙을 마칠 때까지 늦추지 않도록 하세요."

늙으면 아무래도 복근, 배근, 양 무릎이 노화된다. 특히 왼쪽 무릎은 오른쪽으로부터 힘을 받는 곳인 만큼 평소에 전신운동으로 단련시켜야 한다. 이것이 그의 처방이었다.

'올바른 스윙만 터득하면 골프는 죽는 날까지 심하게 스코어가 떨어지는 것은 아니다.' 58세에 브리티시 프로 매치에서 두 번째로 우승한 샌디 하드는 71세에도 브리티시오픈에 출장했다. 글래스고의 전직 대학교수 헨리 바트 몰은 환갑이 지난 다음부터 걷기 운동을 시작했다. 그 동기는 다음과 같았다.

발은 제2의 심장이며 노화 현상은 어김없이 허리와 발에서 나타난다. 그래서 그는 60세 생일을 맞아 다음과 같은 결심을 했다.

'무엇보다도 민첩하게 플레이를 할 것, 스코어는 2차적인 산물이라 생각하고 여기에 구애되지 말 것. 어떠한 악천후라 해도 굴하지 않을 것.'

목적은 오로지 계속 걸어가는 것에 있었다.

이리하여 그는 매주 일요일 아침 7시에 판에 박은 듯이 1번 티에서 시작하면 손수 카트를 끌고 믿기지 않을 속도로 단숨에 18홀을 돌았다. 육중한 그가 플레이하는 것을 보고 사람들은 '두더지의 순례'라고 불렀다. 어쩌다 몸 컨디션이 좋지 않은 데다 폭풍이 불어서 걷는 게 위태로울 정도로 일기가 나쁜 날에도 가족이 말리는 것을 뿌리치고 "한번 쉬게 되면 버릇이 되어버린다. 이것은 신념의 문제다"라며 강행했다.

이런 때에는 가족이 총동원되어 앞뒤 좌우로 따라다니며 홀 아웃시켰다.

여성 골퍼의 비거리는
왜 짧은가?

두 여인의 대화다. 한 친구가 "난 여덟 번 탔다[rider]"고 기뻐서 말했다. 다른 친구가 "그것 참 잘됐다"고 축하의 말을 건넸다. 볼이 멀리 가면 카트를 탄다. 하나 짧게 나가면 볼까지 걸어가게 된다.

1918년에 미니애폴리스에서 태어난 패티 버그는 30년 동안의 프로 투어 생활 중에 우승컵을 55개나 따낸 미국 여자 프로계의 슈퍼 레이디 중 한 사람이다. 그녀는 CBS방송의 '골프의 모든 것'이라는 4주간에 걸친 특별 프로에 출연해서 다음과 같은 얘기를 했다.

"많은 여성은 천성으로 자기 힘이 약하다고 지레짐작하고 있는 듯합니다. 그래서 비거리가 나가지 않아도 오히려 당연하게 여깁니다. 이것은 여성이기 때문이라는 그릇된 발상에서 나온 것입니다.

처음부터 비거리를 단념한다면 도대체 어떻게 골프의 재미를 맛볼수 있겠습니까? 골프는 볼이 믿어지지 않을 만큼 멀리 날아가기 때문에 재미있는 것입니다. 만약에 비거리를 처음부터 포기하고 골프를 친다면 아예 땅바닥에 볼을 굴려가며 노는 다른 게임을 즐기는 것이 좋을 것입니다.

최근의 클럽과 볼은 과학의 최첨단 기술을 총동원한 것들이며, 15세의 소녀라도 스윙만 잘한다면 200야드는 충분히 보낼 수 있게 만들어져 있답니다. 여성이기 때문에 비거리를 단념하는 사람은 독립심도 향상심도 없다고 단언할 수 있습니다.

클럽에 대해서 기본적인 얘기를 해볼까요? 골프 클럽이란 당신의 의사를 전하는 '제3의 팔'이라고 생각하세요. 클럽을 단순한 도구라고 가볍게 여긴다면 당신에게 골퍼로서의 장래성은 없다고 할 수 있습니다. 클럽은 골프에 대한 사상과 자세가 구체화된 공예품이며, 어떤 클럽을 쓰고 있는가, 즉 캐디백 속을 들여다보기만 해도 당신의 인간성이 어떤지를 당장에 알아낼 수 있습니다.

첫 대면의 상대와 플레이할 때 나는 우선 상대의 캐디백 속을 은근히 들여다봅니다. 깨끗하게 닦지 않아서 조악하거나, 메이커도 가지각색에다 우드의 칠이 군데군데 벗겨져 있다거나, 헤드 커버도 공짜로 얻은 듯한 싸구려 털실로 된 것이라면 그날은 절망적인 기분에 사로잡히게 됩니다. 왜냐하면 도구를 그대로 옮겨놓은 듯한 골퍼와 긴 하루를 보낼 게 뻔하기 때문입니다.

골프는 다른 것과는 비할 바 없이 다양한 도구를 다룸으로써 성립되는 게임입니다. 도구를 소중히 여기지 않는 사람에게는 건전한 정신도 깃들지 않는 것입니다.

캐디백에 들어 있는 14자루의 클럽을 비롯해서 티에 이르기까지 골퍼가 마련하는 도구는 수십 점에 이릅니다. 단 한 자루의 클럽도 소재며 샤프트의 가감에 따라 볼이 잘 날기도 하고 못하기도 하고, 또 타구가 휘어나가기도 합니다. 도구에 대해서 진지하게 배우는 것, 좋은 도구를 찾아서 소중히 다루는 것, 이런 정신이 골퍼에게 필요한 것입니다."

골프는
작은 키가 유리하다?

"재능이란 자기 자신을, 자기 힘을 믿는 것이다."

—막심 고리키

1907년에 예상을 완전히 뒤엎고 알루누 메시라는 무명의 골퍼가 브리티시오픈에서 우승했다. 그런 그가 1911년에는 마지막 순간에 1미터의 퍼팅을 실수해서 아깝게 우승을 놓쳤다. 은퇴한 다음에 그가 아마추어 골퍼들에게 이런 충고를 했다.

"프로도 마음대로 되지 않는 게 골프입니다. 하물며 1주일에 한 번, 한 달에 한 번 정도 필드에 나가는 여러분은 실패가 당연하다고 생각하세요.

만약에 가르치는 사람이 '이렇게 해야 한다, 저렇게 하면 안 된다'고 말한다면 당장에 그의 곁을 떠나세요. 골프의 스윙은 자유로운 것입니다. 100명이면 100명, 제각기 다른 타법을 따르고 있습니다. 곧 스윙은 지문과 같은 것입니다.

골프란 과학화된 도구를 가지고 비과학적으로 노는 게임입니다. 개성을 소중히 여기십시오."

봅 심프슨은 메이저대회에서는 우승한 기록이 없지만 자주 10위권 내에 들었던 미국의 프로 골퍼다. 그는 키가 158센티미터밖에 안 되며 체중이 60킬로그램을 넘지 않는데도 드라이버의 비거리는 거구의 골퍼들에 뒤지지 않았다. 신기하게 여긴 거구의 한 골퍼가 그에게 물었다.

"자네같이 키가 작은 친구가 어떻게 공을 그렇게 멀리 날릴 수 있는가?"

봅이 되물었다.

"그럼 하나 묻겠는데, 권총으로 결투를 할 때 키가 큰 사람과 작은 사람과는 어떤 차이가 있는가? 키가 크고 작은 게 문제가 아니라 권총을 누가 더 잘 쏘는가가 중요하지 않을까?"

그는 또 다른 자리에서 이렇게 말하기도 했다.

"내가 한번은 50센티미터 높이의 의자 위에 올라서서 클럽을 휘둘러본 적이 있지. 그때 나는 볼이 그렇게 작은 것인 줄 처음으로 알았다. 사람은 지면에 가까울수록 심리적으로 안정이 되기 마련이라네.

한번 생각해보게. 고층건물 옥상에 올라가서 고소공포증을 느끼는 사람은 많지만 공원의 낮은 벤치에 앉기를 두려워하는 저지공포증 얘기를 들어본 적은 없을 것이다."

진 사라젠은 20세기 전반기의 전설적인 골퍼다. 그는 US오픈, 브리티시오픈, US프로, 마스터스의 4관왕이 된 최초의 플레이어였다. 그도 키가 163센티미터밖에 되지 않았지만 그에게 있어 그것은 조금도 약점이 아니었다.

5장
골프 잡학

"골프에서는 좋은 인품과 좋은 스윙 이외에는 아무것도 도움이 안 된다." —잭 니클라우스

"골프는 해답이 없는 수수께끼다." —게리 플레이어

"인간의 가장 놀라운 특성 중의 하나는 마이너스를 플러스로 바꾸는 힘이다." —알프레드 아들러

술집에서 시작한
핸디캡의 기원

"골프는 테니스처럼 엄청나게 능력 차이가 있는 상대에게 유린되고 볼을 만져보지도 못하는 비극과는 무관하다. 또 야구에서처럼 무능한 심판에 의해 세이프가 아웃이 되거나, 설마 하는 볼로 인해 삼진아웃을 당하는 일이 골프에서는 없다. 단 한 번의 실책 때문에 팀 전원으로부터 경원당하고, 시합 중에 전혀 볼을 만져보지도 못할 만큼 따돌림당하는 일도 없다. 골프에서는 언제든 자기가 주역이라는 점이 기막히게 좋은 것이다." ― 윌리엄 도나휴 박사

스코틀랜드의 남자들은 대부분이 술꾼들이다. 그래서 툭하면 마을 술집에 모여서 술잔치를 벌인다. 한 테이블에 둘러앉아서 마시는 술

꾼들이 늘어나도 누가 몇 잔을 마셨는지 치부하지도 않는다. 그중에는 술고래가 있고 술을 잘 마시지 못하는 사람도 있다. 그런데 나중에 술값을 머릿수로 나눠서 지불한다는 것은 매우 불공평한 일이다. 또 호주머니가 넉넉한 사람도 있는가 하면 빈털터리도 있다. 여하튼 이런 일이 빈번해지자 누군가가 제안을 했다.

"우리 모두가 곤드레만드레가 되기 전에 술값을 어림짐작하고 각자 가지고 있는 돈을 이 모자^{cap} 속에 넣자. 계산을 끝내고 나서 혹 돈이 남으면 그것은 나중에 모두에게 분배하면 좋지 않겠느냐?"

그것 좋은 생각이라면서 모두가 자기 호주머니 사정과 주량을 고려해서 모자 속에 돈을 넣었다. 이래서 'hands in a cap' 곧 핸디캡이란 말이 나왔다. 그리고 이런 술집에서 시작한 핸디캡 제도를 골프에 적용한 사람이 당시는 시골 마을이었던 세인트 앤드류스의 촌장이었다고 한다.

이리하여 골프 치는 사람의 능력에 따라 최고 36타까지의 핸디가 정해지고, 핸디 36타 이상의 사람은 골프장 출입을 삼가라는 게시물이 나붙게 되었다. 그것은 남에게 불편을 주지 않도록 하자는 뜻에서였다. 18홀을 모두 '더블 보기'로 돌면 핸디가 36타가 된다. 곧 한 라운드를 108타 이하로 칠 수 있어야 한다. 109타 이상으로 도는 사람은 그만큼 진행의 속도를 느리게 만들어서 다른 플레이어들에게 지장이 되니까 코스에 나오지 말라는 것이다.

우리나라에서도 간혹 그런 팻말이 나붙어 있는 골프장이 있다. 4

인조의 핸디를 합쳐서 100타 이하여야 한다는 '가혹'한 골프장도 외국에는 있는 모양이다. 뻔뻔스럽게도(?) 그런 제약을 무시하고 들어가서 라운딩할 때의 더퍼의 마음속은 더퍼가 아니면 모를 것이다.

그러나 그것을 감시하는 사람은 없다. 그러니까 겉으로만 그럴 뿐이며 그것은 어디까지나 골프장의 위신을 높이기 위한 겉치레에 불과하다. 그러지 않다면 나 같은 더퍼가 버젓이 플레이하지는 못했을 것이다.

핸디캡 제도가 생기기 전에는 요새 말하는 '백 티$^{back tee}$'를 '타이거 티'라고 부르기도 했다. 그리고 '프런트 티$^{front tee}$'는 호랑이의 밥이라 하여 '래빗$^{rabbit, 토끼}$ 티'라고 불리었다. 내게는 매우 다행스러운 일이지만 우리나라에서는 프런트 티를 다시 세 단계로 나누어서 레귤러 티$^{regular tee}$, 레이디스 티$^{ladies tee}$, 실버 티$^{silver tee}$로 분리하고 있다.

제일 뒤에 금색 또는 검은색으로 채색된 챔피언십이라는 티가 있는 곳도 있다. 거기서 드라이버를 휘두른다는 것은 꿈도 못 꾸는 일이지만, 남들은 레귤러 티에서 치는데 나만 실버 티에서 친다는 데 부끄러움을 느끼던 때도 있었다. 그나마도 제일 앞에 있는 레이디스 티에서 치라고 놀림받지 않는 것만으로도 다행스럽게 여겨야 했던 때가 있었다.

분명 그것은 비거리와는 관계없이 누구나 공평하게(?) 플레이할 수 있도록 하기 위해 마련된 것임에는 틀림이 없지만 어느 의미에서는 계급장같이 여겨지기도 한다.

말이 나온 김에 좀 더 잡학을 늘어놓자면 핸디캡에는 오피셜^{공식}, 프라이비트^{사적}, 골프협회 인정의 3종류가 있다. 프라이비트 핸디캡이란 어느 클럽의 회원도 아닌 사람이 다른 사람과 처음으로 플레이를 같이 할 때 서로 말하는 비공식 핸디다.

직장이나 동창회 등의 친선을 도모하기 위한 대회에서는 총무라든가 행사 책임자가 "당신의 핸디는 얼마입니까?"고 물어보며 적당히 핸디를 정하는 경우가 있다. 이런 때에는 바로 엊그제까지도 늘어지게 자기 골프 자랑을 하던 사람이 어제 잠을 못 잤다느니, 한참 동안 골프를 안 쳤다느니 하며 엄살을 부리며 핸디를 늘려서 말한다. 그래야 상을 탈 수 있는 확률이 높아지기 때문이다. 이래서 골프 진행 담당자가 애를 먹기 마련이다.

B. 틸먼 박사에 의하면 골퍼 중에는 핸디에 집착하는 사람이 있고, 핸디에는 무관심하고 그저 마음 편하게 치는 사람이 있다. 그런데 핸디에 집착하는 사람은 심근경색과 뇌출혈에 잘 걸리고 후자는 오래 산다는 것이다. 아마 그래서 나는 80이 넘도록 건강하게 살 수 있는지 모르겠다.

내가 60고개를 살짝 넘었을 무렵이었다. 친구들은 비거리가 별로 나가지 않는 나에게 실버 티에서 치라고 권했다. 그럴 만한 자격이 충분히 있다고 빈정대면서. 아니면 아예 레이디스 티에서 치라고 놀리기도 했다. 그런 모멸과 멸시, 구박과 조롱을 감수하면서까지 실버 티에서 티샷을 칠 만큼 마음이 유들유들하지가 않다.

나는 비웃음을 받아가면서 끝까지 오기로 레귤러 티를 지켰다. 그럴 때면 으레 토핑이 아니면 헛스윙으로 끝난다. 나는 혹시나 뒤에서 순서를 기다리는 다른 팀이 보지나 않았는지 얼굴을 붉히면서 비실비실 티잉 그라운드를 내려간다. 친구들은 멀리건을 준다며 한 번 더 쳐보라지만 그래야 결과는 뻔한 일이다. 두 번씩이나 망신을 당하고도 멀쩡할 만큼 신경이 둔하지는 않기 때문이다.

골프 코스는
왜 18홀인가?

어느 골프장이나 으레 18홀이 기본으로 되어 있다. 그리고 아웃코스 9홀, 인코스 9홀, 합쳐서 18홀을 다 돌아야 한 라운딩이라고 말한다. 왜 18홀이 되었느냐에 대한 정설은 다음과 같다.

골프의 원천지라 흔히 말하는 스코틀랜드의 세인트 앤드류스 골프장은 원래가 세인트 앤드류스 마을 끝을 기점으로 하여 바닷가로 뻗어 있는 12홀짜리였다. 이것을 다 돌고 나면 골퍼는 다시 클럽을 메고 원점으로 걸어 돌아갔다. 그러다 보니 그냥 걸어서 돌아오는 게 멋없다는 생각이 들기 시작했다. 그리하여 U턴해서 똑같은 페어웨이와 그린을 살려서 되치고 돌아올 수 있는 22홀짜리로 개조하게 되었다.

그러자 이번에는 가는 사람이 치는 볼, 돌아오는 사람이 치는 볼에 맞아 부상당하는 사고가 빈번하게 일어났다. 이리하여 아웃 9홀, 인 9홀의 코스로 나뉘게 되었다. 18홀이 이렇게 해서 만들어진 것이다. 그리고 첫 9홀을 '고잉 아웃$^{going\ out}$', 돌아오는 9홀을 도는 것을 '커밍 인$^{coming\ in}$'이라 불렀다. 이것이 오늘날의 '아웃'과 '인'이라는 말의 어원이다.

이렇게 18홀로 개조하다 보니 한 홀이 남게 되었다. 이것을 '19번 홀'이라고 부르고, 여기서 어린이들이 골프를 치며 놀 수 있게 되었다는 것이다.

술꾼이었던 영국의 문호 키플링은 1번 티에 오르면 으레 이렇게 말했다.

"자아, 이제부터 저 아득히 먼 19번 홀을 향해 험난한 항해를 시작할까."

그가 말하는 19번 홀이란 18홀을 끝낸 골퍼가 모여서 술잔을 기울이며 흥겨운 담소를 나누는 바를 가리킨 것이었다.

특히 19세기 이전의 스코틀랜드 골퍼들은 19번 홀까지 기다리지 못했다. 여름에도 날씨가 찬 스코틀랜드에서는 한 모금 두 모금 술을 마셔가면서 코스를 도는 게 보통이었다. 스코틀랜드 남자들이 정장을 할 때 입는 치마같이 생긴 킬트 앞에 벨트에 매달아놓은 모피로 만든 작은 주머니가 있다. 이것을 '스포란'이라고 한다. 이 속에는 파이프와 성냥, 술병들이 들어가기에 꼭 알맞았다.

야사에서는 18홀의 기원을 전혀 다르게 얘기하고 있다. 그리고 이

게 정설보다 한결 더 흥미롭고 또 설득력이 있다. 술꾼인 스코틀랜드
인들은 휴대용 병에 위스키를 넣고 출발, 마지막 한 방울을 다 마실
무렵에 게임이 끝날 수 있도록 했다는 것이다.

이런 농담이 있다. 코스를 돌면서 한 잔 두 잔 하다가 아웃이 끝날
무렵에는 완전히 곤드레만드레가 되었다. 날씨도 안개가 짙어서 하
늘에 떠 있는 해가 희미하게 보였다. 한 친구가 말했다.

"친구야, 우리는 도대체 몇 홀을 돌았을까? 벌써 달이 저렇게 떠
있지 않나."

"바보 같은 소리 하지도 마라. 저것은 달이 아니라 해일세, 해."

"저런 해가 어디 있는가? 저건 틀림없이 달이야."

이렇게 다투고 있는데 역시 술에 취해 비틀거리는 골퍼가 나타났
다. 그래서 그에게 누구 말이 맞는가를 묻기로 했다.

"좀 묻겠는데, 저기 보이는 것이 달입니까, 해입니까?"

사나이는 비틀거리면서 하늘을 쳐다보았다.

"모르겠는데요. 유감스럽게도 나는 이 고장 사람이 아니라서."

15번 홀에 이르렀을 때는 둘은 만취 상태였다. 퍼팅을 하려던 친구
가 눈을 비비며 물었다.

"여보게 친구야. 2개의 볼을 동시에 홀에 넣으려면 어떻게 쳐야 하
는지 가르쳐주게."

"이런 멍청한 놈 같으니라고. 퍼터를 두 개 쓰면 되지 않는가?"

"아참, 그렇겠군. 그리고 보니 내가 퍼터를 두 개 가지고 있네."

이건 어디까지나 농담에 지나지 않는다. 나는 술에 강하지 못한데, 그런 내가 스코틀랜드에서 기념으로 사 온 술병 가득히 위스키를 넣고 찔끔찔끔 마셔봤지만 정신을 잃을 정도로 취하지는 않았다. 아마 당시 스코틀랜드의 위스키는 매우 독했는가 보다. 그렇지 않으면 스코틀랜드의 황량한 자연을 이겨내지 못했을 것이다.

셰익스피어가
골프클럽의 효시

16세기 런던의 템스 강변에 벽돌로 된 레스토랑 '머메이드 타반'이 있었다. 여기에 해만 떨어지면 모이는 단골 문인들이 있었다. 그 중심에는 당시 인기 절정이었던 셰익스피어가 있었다. 그런데 이들을 만나러 오거나 또는 공짜 술을 얻어먹으려고 몰려오는 개평꾼들이 날로 늘어났다.

셰익스피어 일행은 궁리 끝에 홀 안쪽 깊숙한 곳에 단짝 친구들만 들어가는 특별실을 마련했다. 그리고 이 모임을 소사이어티 또는 컴퍼니라고 불렀다. 일설에는 이들이 셰익스피어를 비롯하여 모두 열렬한 골퍼들이었기 때문에 이것이 골프클럽의 효시가 되었다는 이야기도 있다. 골프 역사의 권위자인 버나드 다윈은 이렇게 말했다.

"클럽이란 정치, 학문, 예술, 취미, 스포츠 등 공통의 흥미를 갖고 있는 사람들이 정기적으로 모여서 친목과 수련을 도모하는 곳. 또는 동호인들이 모여서 그저 자유 토론을 즐기는 곳, 또는 한정된 그룹을 말한다."

골프는 14세기 중엽부터 시작되었다고 알려져 있다. 이때는 골프 코스가 사유지가 아니라 공유지에 마련되어 있었기 때문에 누구나 마음대로 즐길 수 있는 놀이터나 다름없었다. 그런데 골프가 끝나면 여자들은 저녁 준비를 하느라 제각기 집으로 돌아가야 했고, 남자들은 마을 레스토랑에 몰려가서 저녁 식사를 기다리며 골프 얘기로 꽃을 피우곤 했다.

골프는 초기 때부터 4인이 한 조를 이루는 것이 보통이었다. 그것은 골프 코스의 혼잡을 피하기 위해서였다. 그렇게 함께 플레이할 짝이 없어서 홀로 치는 사람은 '론 울프lone wolf'라고 불렸는데, 이들은 대체로 사람들로부터 따돌림당하기가 일쑤였다.

술집이 붐비면 자연히 끼리끼리 테이블을 달리 해서 앉기 마련이었다. 이리하여 결성된 것이 역사상 최초의 클럽 조직인 'honorable company of Edinborough golfers'이다. 1744년 5월의 일이었다.

그런 지 10년 후인 1754년 5월 14일, '베일리 그라스 타반'에 2주마다 모였던 귀족과 상류사회 인사 22명이 '세인트 앤드류스 골핑 소사이어티'를 결성했다. 처음으로 골프클럽 안에서의 규칙, 게임 중의 매너 등을 정한 것이 바로 이들이었다. 그리고 여기 자극을 받아 각지에서 골프인들의 조직이 탄생했다.

'클럽club'이라는 명칭을 정식으로 사용하기 시작한 것은 1789년부터의 일이었다. 그러나 '골프클럽golf club'이란 말은 1888년에 처음으로 미국에서 생겨났다고 한다.

이 당시에 클럽하우스는 철저하게 여성 출입 금지의 원칙을 고수했다. 어느 날 여성 골퍼들이 세인트 앤드류스에서 골프를 즐기고 있었는데, 비가 오자 게임을 중단하고 비를 피하려고 클럽하우스의 지붕 밑 벽에 기대서 벌벌 떨고 있었다. 그러자 클럽하우스의 집사가 우산을 쓰고 건물 밖으로 나와서 여성 골퍼들에게 다가왔다.

여성들은 그가 자기네들을 안에 들어오도록 특별 조치를 취하려는 것인가, 아니면 적어도 마른 타월이라도 빌려주려는 것인가 하고 반가워했다. 그런데 무표정한 집사는 무뚝뚝하게 말했다.

"회원분들의 말씀을 전해드리겠습니다. 죄송합니다만 창밖에 서 계시지 말기 바랍니다. 밖의 경치가 가려져서 안 보인다는 말씀입니다."

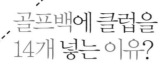

골프백에 클럽을
14개 넣는 이유?

지금까지 남아 있는 골프 관계 서적 중에서 가장 오래된 것은 1743 년에 에든버러에서 나온 토마스 메디슨의 24쪽짜리 《The Goff An Heroi-Comical Poem in Three Cantos》이다.

여기서의 'Goff'는 'Golf'를 말한다. 이 책보다 40년 후에 나온 골프 책에 처음으로 Golf라고 되어 있다. 사람들이 골프라고 부르기 시작한 것은 1820년 이후라고 한다.

이 당시까지만 해도 한 드라이버를 평생토록 바꾸지 않고 썼다. 또 골프장에서 쓸 수 있는 클럽에는 제한이 없었다.

'명필은 붓을 가리지 않는다'는 말이 있다. 못 쓰는 사람일수록 붓 타령을 한다. 골프채도 마찬가지다. 나는 '보다 멀리, 보다 정확히,

보다 높이'라는 선전 문구에 홀려서 새 드라이버로 바꿔나간 게 열 번쯤 된 것 같다.

그때마다 느끼는 의문이 한 가지 있다. 왜 캐디백 속에는 으레 클럽이 14개씩 들어 있어야 하는가? 왜냐하면 아이언 3번과 4번은 단 한 번도 흙을 묻힌 적이 없기 때문이다. 아이언 6번과 8번도 별로 써 본 적이 없었다. 번수마다 정확히 10야드씩 비거리가 다르게 볼을 칠 만큼 능한 골퍼도 아니다. 나의 경우는 9번으로 치나 7번으로 치나 비거리에 별 차이가 없는 것이다.

그런데도 100 언저리에서 오락가락하는 골퍼나 파플레이어의 캐디백에나 으레 14개의 클럽이 들어 있다. 14개 이상은 안 된다는 규정은 있어도 그 이하는 안 된다는 법은 없는데도 말이다. 골프용품점에서도 골프채를 낱개로 팔지 않는다. 으레 풀세트로 판다. 그리고 그것은 으레 14개의 클럽을 말한다.

알란 로버트슨이라는 영국의 대단한 클럽 프로가 있었다. 그는 내기 상대의 희망에 따라 자기가 사용할 클럽을 줄여서 시합을 하기도 했다. 한번은 클럽 단 한 개만 가지고 싱글짜리 골퍼 3명을 이긴 적이 있다.

그가 1859년에 죽자 그의 후임 프로를 선출하는 경기가 다음 해에 열렸다. 이것이 기록에서는 제1회 브리티시오픈이라 적혀 있다. 브리티시오픈은 이렇게 해서 시작되었다고 한다.

로버트슨과는 반대로 A. 지라아드라는 아마 골퍼는 영국 아마추어 대회 때 55개의 클럽을 2대의 리어카에 가득 싣고 출전했다. 그러자 그의 캐디가 되겠다는 사람이 아무도 없었다. 무겁기도 하지만 55개나 되는 클럽 속에서 그가 요구하는 클럽 한 개를 찾아낸다는 것이 쉬운 일이 아니기 때문이었다.

이런 일이 있은 다음에 R&A 영국골프협회는 이사회를 열고 다음과 같이 만장일치로 결정했다.

"사용 클럽은 1다스 더하기 퍼터 한 개. 합계 13개로 제한한다."

회의를 마치고 이사들이 퇴장하려 할 때 한 사람이 이의를 제기했다.

"내 생각에는 골퍼처럼 징크스에 민감한 사람은 없습니다. 그런 사람들에게 사용할 클럽을 불길한 숫자인 13개로 제한한다고 말하기는 어렵지 않겠습니까?"

이 한마디로 논의는 원점으로 돌아가고 다시 토의한 끝에 13개에서 14개로 늘리게 되었다는 것이다.

대체로 못하는 골퍼일수록 볼을 잘못 치면 클럽 탓으로 돌린다. 나는 클럽을 탓할 정도도 되지 못한다. 그래서 늘 반 세트만 골프백에 넣고 다녔다. 그래도 조금도 불편하지 않았다. 오히려 거리가 부족했거나 넘치거나 했을 때의 좋은 변명거리가 되었다.

한 가지 분명한 것은 클럽을 적게 가지고 다닐수록 캐디들이 좋아한다는 사실이다. 특히 나 같은 더퍼가 14개를 꼬박꼬박 챙긴다는 것은 캐디들의 웃음거리가 되기 쉽다. 물론 캐디가 백을 지고 다니던 때의 일이긴 하다.

하기야 새 골프채를 자랑하고 싶어지는 경우도 있을 것이다. 보통 때는 물론이요 자랑하고 싶을 때에도 촌스러운 속물 같지 않아야 한다. 그러자면 아이언 5번 이하의 클럽들에 적당히 흙을 묻히고 자주 썼다는 증거를 남기는 게 좋다. 그래야 초급자 티가 안 나는 것이다. 번수가 낮은 아이언을 쓸 정도라면 초급자가 아니기 때문이다.

골프장의
드레스 코드

복장에 대해서는 골프의 초창기부터 엄격했다. 영국의 스튜어트 왕가가 남긴 가훈서에도 다음과 같이 적혀 있었다.

"상대방에게 경의를 표하고, 주위 사람들에게 불쾌감을 주지 않는 복장이야말로 예법의 기본임을 알라. 복장은 나 자신을 위한 것이 아니다. 상대방에 대한 충심으로부터의 예의다. 조심할 것은 불결과 불쾌감이다."

초기의 골퍼들에게 있어 골프장은 사교장이나 같았다. 따라서 넥타이를 매는 것은 당연지사였다. 스코틀랜드처럼 여름에도 선선한 곳에서는 그렇게 정장을 하고도 골프를 칠 수는 있었다. 다만 캐디만은 넥타이를 맬 필요가 없었다. 그렇지만 골프가 미국에 들어온 다음부터 그런 복장의 기본은 무너져갔다. 그럴 수밖에 없는 것이 섭씨 30도를 오르내리는 캘리포니아나 플로리다의 골프장에서까지 영국에서처럼 정장을 하고 넥타이를 맨다는 것은 엄청난 고역이었다. 그래서 넥타이를 안 매고 와이셔츠의 소매도 절반으로 잘랐다. 색상도 원색에 가깝도록 화려해졌다.

"그러나 동정(옷깃)만은 붙여라. 이것은 게임과 상대방에 대한 예의다."

이렇게 미국골프협회가 1927년에 발표한 '복장규정'에 적혀 있다. 반바지는 스코틀랜드의 유서 깊은 골프장에서도 허용되어왔었다. 영국의 골프클럽 중에는 다음과 같은 규정이 적혀 있는 곳도 있다고 한다.

'반바지는 착용해도 좋지만(무릎 밑까지 오는) 그런 때에는 긴 양말을 신어야 한다. 그리고 바지의 길이도 적당히 짧아야 한다.'

긴 양말을 신으라는 것은 예법을 위해서만은 아니다. 스코틀랜드나 영국의 필드에는 가시 있는 잡초가 많다. 그래서 골퍼의 피부를 보호하기 위해서는 긴 양말이 필요한 것이다.

아무리 복장이 자유로운 미국이라 해도 일반 공중 골프장이 아니면 지켜야 할 불문율이 있다. 그래서 플레이하는 중에는 아무 말이 없어도 야한 차림의 외래 손님에게는 돌아갈 때 넌지시 주의를 준다. 그리고 그런 손님을 소개한 회원에게는 나중에 따끔한 주의를 준다.

우리나라의 골프클럽 중에는 정말로 지켜야 할 예법은 당연히 무시하면서도 반바지의 착용을 무조건 금지하는 곳도 많다. 또 한 가지 우리나라 골프장에서 보기 딱한 것은 셔츠의 깃을 일부러 올리고 다니는 광경이다. 목을 햇빛으로부터 보호하기 위해서라고 굳이 이유를 붙일 수는 있다. 그렇지만 그것들은 티셔츠를 입고 필드에 나가는 것과 마찬가지로 복장위반이다. 그런 것이 당사자는 멋으로 깃을 올린다고 엉뚱한 착각을 하고 있는 듯하다.

우리는 곧잘 스윙하는 폼을 보고 그 사람을 알아볼 수 있다고들 말한다. 사실은 골퍼의 인상에 결정타가 되는 것은 복장이다. 사람에게 좋은 인상을 주는 것은 값진 의상이나 명품 장신구들이 아니다. 그런 것들은 자칫하면 오히려 촌스럽게 보이기만 한다. 센스 있는 사람은 센스 있게 옷을 입는다.

골퍼의 복장도 마찬가지다. 그 기본이 되는 것은 단정과 청결이다. 복장에 까다롭지 않은 듯하면서도 매우 까다로운 게 영국의 골프클럽이다. 여기를 출입할 때의 표준적인 옷차림은 흔히 곤색 블레이저 코트에 짙은 회색 플란넬 바지, 그리고 고급 가죽 신발이라야 한다. 여기에 자기의 소속을 알리는 줄무늬 넥타이가 있어야 한다. 그것은 꼭 옥스퍼드 대학이나 케임브리지 대학이 아니라 지방 대학이라도 마찬가지다.

이런 옷차림이 아닌 평상복으로는 클럽이나 바에서 음료수도 마시지 못한다. 우리나라 골프클럽에는 그런 드레스 코드가 없다. 무슨 야한 색상의 야외복을 입고 있어도 아무도 뭐라고 말하지 않는다.

곤색 블레이저 코트가 편리한 것은 오픈 셔츠를 속에 입으면 평상복이 되고, 넥타이를 매면 정장이 되어 관혼상제 어디에서나 통용된다는 점이다. 대강 이러하다는 정보를 어디에선가 듣고 흉장인지 문장이 붙은 블레이저 코트를 사서 은근히 자랑한 적이 있다. 그런데 나중에 알고 보니 영국의 진짜 신사들은 기성복이 아니라 맞춤옷을 입는다는 것이었다. 물론 가슴에 붙이는 문장도 버젓한 것이라야 한다. 그 후로 나는 상표가 달린 그 블레이저 코트를 옷장 구석에 처박을 수밖에 없었다.

한국의 골프장에는 한 발만 안으로 들여놓으면 놀랍도록 딴 세상이 펼쳐진다. 무엇보다도 골퍼들의 옷이다. 너무나도 원색적인 것이다. 심리학자에 의하면 사람들이 평소에 억눌려오던 욕망, 울분들을 모두 발산시킬 수 있는 절호의 기회이자 장소가 바로 야외 골프장인 것이다.

우리는 산에 오르면 "야호!" 하고 목청을 높이고 소리 지른다. 이것은 다른 나라에서는 별로 보지 못하는 광경이다. 등산복도 원색투성이다. 그만큼 우리는 모두 평소에 자기를 죽여가며 살고 있기 때문일까? 그만큼 스트레스가 쌓이고 쌓여 있는 것일까?

한번 스트레스를 발산하기 시작하면 거침이 없는가 보다. 우리네 골퍼들은 사람들의 이목을 끌려고 염치를 잃는다. 그리하여 '철 지난 열대어'와 같은 속악한 차림새를 하고도 희희낙락한다. 그런 사람들을 보고 비웃어서는 안 된다. 얼마나 평소에 스트레스가 쌓여 있었으면 저런 야한 색깔의 옷을 입을 수 있을까 하고 오히려 동정해야 마땅한 일이다. 여성 골퍼의 경우 특히 그렇다.

1934년에 헬렌 맥도걸이 내놓은 《매너 북》에 '매력적인 여성 골퍼'에 대해 다음과 같은 말을 했다.

"복장은 그 사람의 내면을 비춰주는 거울입니다. 품성이 천박한 사람은 천박한 복장을 하고도 태연합니다. 입는 옷에 세심한 주의를 기울이고 고상하게 연출하세요. 결론적으로 말하면 골프라는 게임은 천박한 사람에게는 어울리지 않는 것입니다."

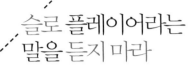

슬로 플레이어라는
말을 듣지 마라

앞 팀에서 플레이하던 여성 골퍼가 러프 속에 들어가서 볼을 찾고 있는 모양이었다. 그런데 같이 치고 있던 또 다른 여성 골퍼는 천연덕스럽게 페어웨이에 서서 딴청을 부리는 것 같았다. 참다못해 뒤 팀 중의 한 사람이 그녀를 나무랐다.

"볼을 같이 찾아줄 생각은 하지 않고 뭐 하고 있는 거요!"

그녀는 태연스럽게 말대꾸했다.

"저분이 찾고 있는 것은 볼이 아니라 클럽이랍니다."

슬로 플레이의 또 하나의 원인은 로스트 볼이다. 《매너 북》에는 이런 말도 나온다.

"볼을 찾는 데 너무 오래 시간을 들여서는 안 됩니다. 싸구려 인간처럼 보이기 쉽기 때문이지요. 언제까지나 사냥개처럼 숲 속을 헤매고 있는 사람은 틀림없이 좀스러운 법입니다."

룰에 의하면 로스트 볼을 찾는 데 쓸 수 있는 시간을 5분으로 제한하고 있다. 그러나 시계를 차고 골프를 하는 사람은 없다. 따라서 마냥 시간이 늘어질 수도 있다.

로스트 볼을 찾는 데 허용되는 시간이 일본에선 지위에 따라 다르다는 얘기도 있다. 사장의 볼은 20분, 부장은 10분, 과장은 룰에 따라 5분, 평사원의 경우는 노타임이라는 것이다. 이게 어디까지 사실인지는 모른다. 적어도 한국에서는 사장이라고 해서 20분씩이나 볼을 찾아 헤매지는 않는다. 직위가 낮은 것도 억울한데 볼까지 느긋하게 찾지 못하게 하는 비정한 세상을 한탄할 게 아닌가.

캐나다의 오 설리반이라는 영감은 별로 성미가 급한 편도 아니었다. 그렇지만 다른 플레이어들에 대한 배려가 전혀 없이 마치 골프장을 독점하다시피 하는 슬로 플레이어들이 여간 못마땅하지 않았다.

"나는 지금 77세다. 내게 남은 시간이 얼마 남지 않았다는 것은 잘 알겠지. 그 소중한 시간을 슬로 플레이어들이 뻔뻔스레 빼앗아가고 있다. 그들에게 그런 권리가 어디 있느냐!"

벼르고 벼르던 그에게 마침내 보복의 기회가 왔다. 그의 앞에서 플레이하는 4인조가 여간 짜증 나게 느린 게 아니었다. 그들은 페어웨이에서 수도 없이 빈 스윙을 반복하고, 홀 아웃한 다음에도 그린을 비우지 않고 스코어 카드를 적어가며 노닥거리는 것이었다.

"이놈들, 잘 걸렸다. 어디 한번 맛 좀 봐라."

노인은 준비해 온 엽총을 캐디백에서 꺼내고는 그들을 향해 6발이나 쏘아댔다. 혼비백산한 앞 팀 4인조는 그 후부터는 볼을 치는 둥 마는 둥 해가며 나머지 9홀을 40분 정도에 돌고 달아났다.

"그 후 어떻게 되었는지는 뻔한 노릇이지. 나는 경찰에 불려가서 야단맞았지만 그처럼 속이 후련할 수가 없었단다."

골프장에서 가장 짜증 나게 만드는 것은 진행을 가로막는 앞 팀의 늦장 플레이다. 미국 오하이오 주의 콜럼버스에 'the golf club'이라는 지극히 평범하고도 단순한 이름의 골프장이 있다고 한다. 창립자는 바로 보비 존스다.

그가 콜럼버스의 한 골프장에서 플레이하는데 앞에 가는 여성 골퍼들의 슬로 플레이에 짜증이 났다. 4번 홀의 티잉 그라운드에서 앞 팀이 페어웨이에서 벗어나기를 기다리기에 지쳐서 마침내 플레이를 포기하고 클럽하우스로 돌아가고 말았다. 그러고는 그 골프장 바로 옆에 새 골프클럽을 만들었다는 것이다.

한때 여자 골프의 여왕이던 헬렌 맥도걸이 쓴 《매너 북》에 다음과 같은 말이 나온다.

"결단력이 결핍되고 자립심이 부족한 사람일수록 플레이가 늦어지는 법입니다. 또한 자기밖에 생각하지 않는 에고^{이기심}가 슬로 플레이를 낳습니다. 코스에서는 남을 기다리게 해서는 안 됩니다."

슬로 플레이어는 골프 솜씨가 빈약해서도, 필드에서의 경험이 부족해서만도 아니다. 무엇보다도 긴장된 스트레스를 이겨내지 못하기 때문이기도 하다.

슬로 플레이어를 탐탁지 않게 여기는 가장 큰 이유는 진행에 지장을 주기 때문만이 아니다. 여기에는 다음과 같은 두 가지 또 다른 이유가 있다.

그 첫 번째 이유를 처칠의 다음과 같은 말이 밝혀주고 있다.

"코스에서 우물쭈물하는 놈은 무엇을 해도 시원찮다."

두 번째 이유는 헬렌 맥도걸의《매너 북》속에 나온다.

"결국 골프란 점잖지 못한 사람에게는 어울리지 않는 것입니다."

볼만이 아니라 티를 찾느라고 허리를 구부려가며 땅 위를 더듬는 것이 얼마나 비웃음거리가 되는지를 모르는 골퍼들도 많다.

슬로 플레이어 소리를 듣지 않기 위한 한 가지 방법은 호주머니에 볼을 적어도 두 개, 그리고 티도 두어 개 넣고 티잉 그라운드에 오르는 것이다. 오비^{out of bounds}를 내고 다시 치기 위해 골프백으로 돌아가서 볼을 꺼내 오면 그만큼 사람들을 기다리게 만들기 때문이다.

슬로 플레이에는 한 가지 예외가 있다. 벙커에 빠진 볼을 쳐 올려내는 경우에는 아무리 몇 번을 다시 쳐서 진행이 중단되어도 흉보는 사람이 없다. 그것은 슬로 플레이가 아니라고 여기기 때문이다. 오히려 동정의 대상이 되기만 한다.

슬로 플레이어든 아니든 앞 팀과의 거리를 적당히 지키는 것이 중요하다. 그것이 골프의 매너이기도 하다. '매치 플레이의 귀신'이라는 소리를 들었던 윌피가 영국에서 프로 건달들과 짝지어서 골프를 쳤을 때였다. 그가 3번 우드로 친 볼이 앞 팀 한가운데로 날아갔다.

"조심!"이라고 소리쳤지만 볼은 앞 팀에서 플레이하던 육중한 체구의 골퍼 얼굴 옆을 스쳐 지나갔다. 윌피가 급히 달려가 보니까 처칠 일행이었다. 겁에 질려 사과하는 윌피에게 처칠이 정중한 어조로 말했다.

"우발적인 사고였다는 것은 잘 알고 있지요. 이번에는 당신네가 앞서 가는 게 좋겠소. 그리고 무슨 사고가 일어난다 해도 우발적인 사고라 여기시오."

이리하여 처칠 일행보다 앞질러 플레이를 하게 되었지만 도저히 마음 놓고 플레이를 계속할 수가 없었다. 이번에는 윌피의 귓가로 처칠 일행의 볼이 날아왔던 것이다. 윌피 일행은 걸음아 나 살리라고 클럽하우스로 도망쳤다.

명문 골프장이 갖춘 명코스의 조건

골프는 지극히 공평한 게임이다. 재수가 좋은 날에는 긴 퍼트도 잘 들어간다. 벙커 옆의 쇠갈퀴에 잘못 맞은 공이 튕겨 나와서 홀컵에 굴러 들어가는 요행도 있을 수 있다. 그러나 이런 요행이 겹치면 세상살이를 만만히 보고 인생을 그르치는 수가 있다. 능력이며 노력과는 관계없이 운만 좋으면 잘 살 수 있다고 한다면 세상을 살아가는 재미가 없을 것이다. 그래서 좋은 골프장이란 실력이 그대로 스코어에 반영될 수 있도록 설계된 코스를 갖춘 곳을 말한다.

흔히 좋은 골프 코스의 조건으로는 첫째로 어느 정도는 치기 어려워야 하고, 둘째로 코스 전체의 디자인이 균형을 이루고 있어야 하며, 셋째로 코스의 홀 하나하나가 기억하기 쉽게 설계되어 있어야 하고, 넷째로 자연 경관이 아름다워야 하고, 다섯째로 코스의 정비가 잘되어 있어야 한다. 그러나 가장 중요한 조건은 정확하게 컨트롤된 볼과 미스 샷의 차이가 제대로 스코어 카드에 나타나도록 코스가 설계되어 있어야 한다는 것이다. 다시 말해서 스코어가 요행에 좌우되지 않고, 잘 치면 스코어가 좋고 못 치면 스코어가 나빠지도록 설계되어야 한다는 것이다.

물론 덮어놓고 코스가 어렵다고 해서 좋은 골프장이 되는 것은 아니다. 인생이란 잘난 사람만 즐겁게 살 수 있는 것은 아니다. 잘났거나 못났거나 모든 사람이 골고루 즐길 수 있는 것이어야 한다. 또 그래야 할 것이다. 못나면 못난 대로 얼마든지 사는 맛과 멋을 찾아낼 수가 있다.

골프장도 그렇다. 꼭 장타자나 보기 플레이어 이상만이 즐길 수 있도록 설계된 코스라면 결코 좋은 골프장이라고 할 수는 없다. 이상하게 우리나라에서는 다른 조건은 다 제쳐 놓고 코스가 어렵기만 하면 좋은 코스라고 여기는 사람이 많다. 홀 하나하나가 얼마나 아기자기한 얘기를 담고 있는지, 또는 각 홀이 얼마나 조화로운 변화를 가지고 있는지 하는 것을 중요하게 생각하지 않는 것 같다. 그런 사람은 인생의 아기자기한 맛을 모르고 그저 힘으로 이기기만 하면 된다고 여기면서 사는 사람과 같다.

우리는 세상살이에서 잘난 사람과 못난 사람이 함께 어울려 지내야 한다는 교훈을 18홀을 돌면서 배워나가야 한다. 미국 메이저대회의 하나인 나비스코 챔피언십 골프 대회를 만든 가수 다이너 쇼는 이런 말을 남겼다.

"어릴 때 매일같이 어머니로부터 인생의 어려움에 대한 설교를 들어왔지만 그런 어머니도 골프만큼 잘 가르쳐주지는 못했다. 왜냐하면 골프장에서 단 한 홀만 걸어도 이 세상은 자기 마음대로 되지 않는다는 사실을 깨닫게 되고 한결 겸손해지는 것이다."

그저 역사가 오래됐다거나 입회 조건이 까다롭다거나 또는 입회비가 비싸다는 따위는 일류 골프장의 조건이 되지 못한다.

미국의 〈골프 다이제스트〉 잡지는 2년에 한 번씩 '세계의 명 코스 100선'을 발표한다. 골프 평론가들의 채점은 포인트제다. 미국에는 주마다 평균 5명의 선정위원이 있다. 위원의 선정은 매우 까다롭고, 자기가 맡은 주의 모든 코스를 늘 파악하고 있어야 한다. 그리고 자기 영역에서 연간 100라운드 이상 플레이가 가능한 사람, 그리고 핸디 6 이하라야 한다.

이들이 고른 베스트 랭킹을 전국적으로 모아서 다시 24명의 프로와 평론가로 조직되는 전국선정위원회가 최종 결정을 내린다.

이른바 명문 골프장의 기본 조건은 다음과 같다.

1. 샷 밸류 —골퍼의 샷의 내용, 정확도, 역량이 정확하게 스코어에 반영될 수 있는가? 컨트롤된 볼과 미스 샷의 차이가 스코어 상에 분명히 나타나도록 코스가 만들어져 있는가?

2. 코스 레이아웃의 난이도 —스코어를 내는 데 어느 정도 어렵게 되어 있어야 한다.

3. 디자인 밸런스 —코스 전체의 홀들이 잘 조화롭게 배치되어 있는가?

4. 각 홀이 기억하기 쉽도록 되어 있는가? —홀마다 기억하기 쉬워서 전략을 짜기 쉬워야 한다.

5. 자연 경관이 얼마나 아름다운가?

6. 코스의 정비가 잘되어 있는가? —코스의 유지, 그린의 상태, 코스의 정비가 잘되어 있어야 한다.

7. 코스의 역사, 전통, 품격들을 갖추고 있는가? —이 항목은 수년 전부터 제외되었다.

8. 지형을 올바르게 파악하고 정확히 플레이해야 좋은 스코어가 나오도록 되어 있는가?

9. 회원의 수준은 어떤가?

10. 클럽 전체의 격조는 어떤가?

미국의 골프 저널리스트가 투표로 뽑은 미국의 '명코스 100선' 중 베스트 10에 자주 꼽히는 코스는 다음과 같다.

1. 파인밸리 골프클럽 —다른 코스의 핸디 20은 파인밸리에서는 30이 알맞다. 회원의 대부분이 핸디 7. 코스의 전장은 레귤러 티에서 6442 야드.

2. 오거스타 내셔널

3. 사이프레스 포인트클럽

4. 페블비치

5. 윙드풋

6. 뮤어필드 빌리지

7. 오크몬드 컨트리클럽

8. 세미놀 골프클럽

9. 메리온 골프클럽

10. 올림픽클럽

"골프 코스는 여자와 같다. 잘못 다루면 큰일이 난다."

다름 아닌 토미 아머의 말이다.

예를 들면 반세기 이상 동안 명코스의 으뜸으로 꼽히는 파인밸리 골프클럽은, 이곳 회원인 버나드 다윈에 의하면 "18개의 그린이 뜨문뜨문 놓여 있을 뿐인 거대한 한 개의 벙커"다.

파인밸리 골프클럽은 바다를 향해 펼쳐진 사구에 설계되어 있는 길이 6765야드, 파72 규모의 골프장을 가지고 있다. 이 골프장을 보비 존스는 "골퍼의 시련장"이라고 표현했다. 특히 7번 홀 585야드에는 '지옥의 반에이커'라 여겨지고 있는 세계 최대의 벙커가 페어웨이의 220야드에서부터 370야드에 이르는 넓은 공간에 자리 잡고 있다. 실제 벙커 면적은 1.5에이커.

"코스를 감상할 줄도 모르는 사람이 파니 보기니 하는 것은 가소롭기 짝이 없다. 와인의 참맛을 음미할 줄 모르는 사람일수록 술에 잔뜩 취해서 거침없이 큰소리를 친다."

골프 평론가 헨리 롱하스트의 말이다.

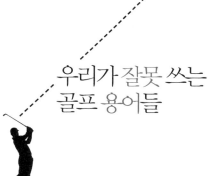

우리가 잘못 쓰는 골프 용어들

　우리나라 골프장에서는 모든 게 영어다. 영어를 모르면 골프를 못 칠 정도다. 그렇지만 영국이나 미국인도 우리나라 골프장에서 쓰는 영어에 어리둥절해진다고 한다. '미들 홀'이라는 용어부터가 그렇다.

　미국의 골프장에서도 파4의 거리가 긴 홀을 '롱 홀'이라 하고 파3의 짧은 거리의 홀을 '숏 홀'이라 부른다. 그렇지만 파4의 길지도 않고 짧지도 않은 홀을 '미들 홀'이라고 부르지 않는다. 미들^{middle}이란 위치를 뜻하지, 거리를 뜻하지 않기 때문이다. '미들 홀'이라면 중간 홀이라는 뜻이 될 뿐이다. 그런 홀은 사실은 '투 샷 홀'이 아니면 '투 샤터'라고 하는 게 옳다.

　'크로스 벙커'라는 것도 틀린 말이란다. 크로스^{cross}란 페어웨이를 옆으로 가로지른다는 뜻밖에 없다. 그런데 우리는 그린 앞에 있는 벙커를 모두 크로스 벙커라고 한다.

'니어 핀'이라는 말도 잘못 알고 있는 사람이 많다. 우리는 그린 위에 볼이 있는 플레이어들 사이에서만 누가 핀에 더 가까이 있는가를 따진다. 사실은 그린 안과 밖을 가리지 않고 그냥 핀에 누가 가장 가까이 있는가를 따진다. 러프에 들어가 있어도 벙커 안에 있어도 상관하지 않는다. 그러니까 'nearest the pin'이라는 게 옳다고 한다.

우리가 크게 잘못 쓰고 있는 말이 '퍼스트 퍼트^{first put}'이다. 그것은 핀에서 가장 먼 거리에 있는 사람이 치는 퍼트란 뜻이다. 따라서 '세컨드 퍼트^{second put}'라는 말도 첫 퍼트가 컵에 들어가지 못해서 두 번째로 치는 퍼트가 아니라, 핀에서 두 번째로 먼 사람이 치는 퍼트를 뜻한다. 다시 말해서 퍼팅을 하는 순번을 말한다.

우리가 가장 잘 쓰는 '티 그라운드'라는 말도 잘못이라고 한다. 원래가 요즘처럼 티를 꽂고 볼을 치지 않던 옛적에는 모래나 풀을 손가락으로 살짝 뭉쳐 올리고(이것을 티라고 불렀다) 그 위에 볼을 올려놓고 게임을 시작했다. 그러니까 사실은 '티잉 그라운드'라고 하는 게 옳다. 혹은 그냥 '티'라고 해도 좋다. 그러나 절대로 '티 그라운드'는 아니다.

우리가 '슬라이스 라인'이니 '훅 라인'이니 말하는 것도 잘못이라고 한다. 슬라이스 라인이란 볼이 오른쪽으로 굴러간 궤도를 뜻한다. 볼을 치기 전부터 왼쪽으로 돌아가는 훅 라인이라는 것도 볼을 치기 전에는 존재하지 않는다.

　우리가 흔히 잘못 쓰는 골프 용어들은 이 밖에도 많다. '버디 찬스 birdy chance'라는 말도 영어권에서는 안 쓰는 말이다. '버디 트라이birdy try'라는 말을 들으면 외국인은 무슨 뜻인지 이해하는 듯하면서도 고개를 갸우뚱거릴 것이다. '원 온one on'이란 말도 한국이나 일본에서만 통용되는 영어다. '원 퍼트one put'라는 말도 사실은 '원 스트로크one stroke'라 해야 옳다는 얘기다.

　토마스 발포아 교수는 이렇게 말했다.

　"그 사람이 골프에 대해서 말하는 것을 들으면 어느 정도의 교양을 가지고 있는 사람인지를 당장에 알 수 있다. 만약에 비거리, 스코어, 또는 우연히 나온 슈퍼 샷만을 자랑하고 괴상한 골프 용어를 늘어놓고 있다면 그는 참다운 골퍼가 아니다. 고작해야 설익은 골퍼일 뿐이다."

　이상하게도 그런 '설익은 골퍼'일수록 설치기를 좋아한다.

도박은 카지노에서,
골프는 골프장에서

"골프와 노름. 이 두 개만은 절대로 인간성을 숨기지 못한다."

—스코틀랜드 속담

미국의 한 명문 골프클럽에서 청년 실업가가 회원심사위원회의 심사를 통과하여 입회를 허가받았다. 그는 곧 동년배의 회원들과 친구가 되어 골프를 즐기게 되었다. 어느 날 그의 일행 중 한 사람이 사정이 있어 자리가 비우게 되자 한 노인이 대신 끼어 같이 플레이하게 되었다.

스타트하기 직전에 청년은 노인에게 "할아버지, 우리는 늘 한 홀마다 100달러짜리 내기를 하는데 함께 해보시겠습니까?" 하고 물었다. 노인은 "나는 골프를 할 때 25센트 이상의 내기는 한 적이 없다오"라고 말하며 거절했다.

청년은 노인이 옷차림새와는 달리 상당히 알뜰한가 보다 생각하고 그냥 다른 두 사람과 1홀당 100달러의 내기를 시작했다. 18홀을 다 돌고 클럽하우스로 돌아가려 할 때 노인이 내기를 제안했던 청년에게 말을 걸었다.

"젊은이의 한 해 수입은 얼마쯤 되는가? 대충 잡아 25만에서 30만 달러 정도는 되겠지만, 자네가 좋다면 이 25센트 동전을 던져서 어느 면이 나오느냐에 그 일 년 치 수입을 모두 걸어보면 어떤가?"

청년이 깜짝 놀라서 거절하자 노인은 말했다.

"내기라는 것은 확률에 입각해서 맞고 안 맞고 하는 것이니만큼 단순한 운의 문제일 뿐이네. 그러나 골프에서는 자기 기량과 노력이 그대로 반영되지. 나는 이 나이가 되어도 조금이라도 스코어가 좋아지려고 노력하고 있네. 그래서 한 번 져도 억울하기 때문에 단돈 25센트를 무는 데도 마음이 언짢고, 반대로 이겼을 때의 기쁨은 무엇과도 바꿀 수 없네."

이렇게 말하면서 노인은 자리를 떠났다. 함께 있던 캐디가 딱한 표정을 지으면서 젊은이에게 말했다.

"저분이 누군지 모르셨나요? 저분은 아무개 씨랍니다."

캐디가 알려준 사람은 미국에서 손꼽히는 부호였다.

"골프는 돈 내기를 하지 않아도 충분히 즐길 수 있는 게임이다. 그런데 어떻게 해야 즐길 수 있는지도 모르는 인간들이 골프 코스를 카지노로 바꾸려 한다. 그들은 골프장 대신 카지노로 직접 가는 게 옳다. 그들이야말로 골프에 어울리지 않는 인간이다."

다름 아닌 보비 존스가 자기 연재 칼럼에서 한 말이다.

골프장에서의 내기에는 여러 가지가 있다. 돈 내기가 아닌 것도 있다. 1990년부터인가 로스앤젤레스의 교외에 있는 한 골프클럽에서는 해마다 봄에 50명 정도의 사업가들이 공공연히 돈놀이 골프를 해 왔다.

그들은 볼이 러프에 들어가면 벌금 100 달러를 낸다. 러프에서 탈출을 하지 못하면 한 타당 100달러가 가산된다. 벙커에 들어가도, 3퍼트를 해도, OB를 내도 벌금을 내야 한다. 이렇게 해서 모은 돈은 모두 '홉킨스의 눈물'이라 하여, 토마스 홉킨스가 설립한 병원과 탁아 시설에 기증된다.

토마스 홉킨스라는 월가의 거물이 탄 자동차가 한 흑인 소년을 치었다. 생명에는 지장이 없었지만 소년이 실려 간 빈민가의 병원에 가보고는 너무나도 열악한 시설에 놀란 홉킨스가 병원 신축을 위해 거액을 기증했다. 그러면서 "내게도 눈물이 한 방울쯤은 남아 있다"고 말했다는 것이다.

그 후 홉킨스의 10주기를 맞아 '홉킨스의 눈물'이라는 골프 대회를 해마다 갖기로 했다. 여기서 모은 돈은 병원 유지를 위한 것이었다.

골프를 무척이나 좋아하던 코미디언 밥 호프는 자기 이름을 단 골프 대회를 만들 정도였다. 그는 텔레비전 방송 '투나잇 쇼'에서 이런 실화를 털어놓은 적이 있다.

어느 날 호프는 유명한 시각 장애인 골퍼 찰리 보즈웰에게 도전했다.

"꼭 한번 당신과 한 라운드 돌고 싶습니다. 그런데 만약 당신만 좋다면 돈을 좀 걸고 시합을 하면 어떨까요?"

"그야 좋지요. 그럼 100달러짜리 내기를 할까요?"

"좋습니다. 그럼 몇 시에 시작하죠?"

보즈웰이 즉각 대답했다.

"오전 2시요."

미국의 골프 유머들 중에는 돈내기 얘기들이 많다. 아마도 미국의 골퍼들은 우리네 골퍼들보다 더 돈내기를 좋아하는 모양이다. 아니면 '우리네만큼이나'라고 말하는 게 적절하지 않을까?

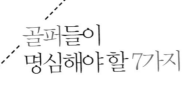

골퍼들이
명심해야 할 7가지

    내가 젊은 시절 클럽의 까다로운 애호가들 사이에서 인기를 모으고 있던 드라이버에 '토미 아머'라는 게 있었다. 이 우드를 고안해낸 주인공은 토미 아머라는, 한 시대를 주름잡던 골퍼였다. 그는 1927년에 US오픈, 1930년에 US프로, 1931년에 브리티시오픈에서 우승했다. 마스터스오픈이 없던 당시로서는 그랜드슬램을 달성한 셈이다.

    그를 인기 있는 골퍼로 만든 것은 그의 우아하고 힘찬 스윙이었다. 보비 존스까지도 여러 번이나 그를 찾아가서 레슨을 받았다. 그러나 무엇보다도 사람들로 하여금 '실버 폭스^{은빛 여우}'라고 불리던 그를 따르게 만든 것은 인품이었다. "유명해져서 어디를 가도 사람들의 주목을 받고, 선수권에도 우승하여 악수와 사인 공세를 받는 것은 매우 기분 좋은 일이다. 그렇다고 우쭐해진 나머지 자기는 특별한 인간이라고 착각하는 사람들이 있다. 그러나 세계 제일의 강한 골퍼가 되었다고 해도 소아마비로 고생하는 사람을 단 한 명도 구제해주지는 못하는 것이다.

어느 시합에서 플레이 도중에 나의 상대인 아치 콤프턴이 중얼거렸다. '여기서 5백 마일 떨어진 곳에서 병사들이 피를 흘리고 있다'고. 제1차 세계대전 말기의 전투는 치열하기 짝이 없을 때였다. 콤프턴은 이렇게도 말했다. '지금 나는 무엇을 하고 있는가'고. 이때 나 자신도 정말로 허망한 기분이 들었다. 참으로 골프란 인생의 절묘한 조미료이기는 하지만 주식^{main dish}은 아니다.

좋은 골퍼와 나쁜 골퍼가 있는 것처럼 세상에서는 말하지만 그것은 잘못된 생각이다. 좋은 인간과 나쁜 인간이 있을 뿐이며, 그것은 골프와는 아무 관계가 없다."

"골프란 완전성의 게임이 아니다"

이것은 톰 카이트를 US오픈 우승자로 키운 골프심리학자 봅 로텔라가 한 말이다. 그가 지도하는 골퍼들에게 특히 강조한 것은 다음과 같은 7가지였다.

1. 꿈이 없는 플레이어에게는 가능성도 없다. 그는 이러면서 곧잘 윌리엄 제임스의 말을 인용했다. '인간이란 자기가 되고 싶다고 생각하는 그대로의 자기가 된다.'

2. 한 번도 실패하지 않고 18홀을 다 돌 수는 없다.

3. 연못에 볼을 넣지 말라는 것은 연못에 넣으라는 것과 같다.

4. 일어난 것은 무엇이든 최선의 결과였다고 생각해라. 이것은 사라젠의 어머니가 한 말이다.

5. "잊어버리는 능력이 없는 사람은 기억하는 능력이 없는 사람보다 더 처치 곤란하다." ―마크 트웨인

6. 화를 내고, 망설이고, 두려워하고, 쓸데없는 것에 마음이 팔리면 평정심을 잃는다.

7. 자기의 잠재능력을 끌어내려면 다음의 능력들을 키워나가야 한다.

3D: desire(욕망), determination(결단력), discipline(자제력)

3P: persistence(지구력), patience(인내), practice(단련)

3C: confidence(신념), concentration(집중력), composure(평정)

골프는 인생이다

초판 1쇄 인쇄 | 2014년 5월 3일
초판 1쇄 발행 | 2014년 5월 7일

지은이 | 홍사중
펴낸이 | 황보태수
기획 | 박금희
마케팅 | 박건원
디자인 | 여상우
교열 | 양은희
인쇄 | 한영문화사
제본 | 한영제책

펴낸곳 | 이다미디어
주소 | 서울시 마포구 양화진 4길 6번지 2층(합정동 378-34, 2층)
전화 | (02) 3142-9612, 9623
팩스 | (02) 3142-9629
이메일 | idamedia77@hanmail.net

ISBN 978-89-94597-25-6 13690